棒球初级教程

李星　主编

人民体育出版社

图书在版编目（CIP）数据

棒球初级教程 / 李星主编. -- 北京 : 人民体育出版社, 2023 （2025. 8重印）

ISBN 978-7-5009-6313-4

Ⅰ. ①棒… Ⅱ. ①李… Ⅲ. ①棒球运动－教材 Ⅳ. ①G848.1

中国国家版本馆CIP数据核字(2023)第089210号

棒球初级教程

李星　主编

出版发行：人民体育出版社

印　　装：天津中印联印务有限公司

开　本：787×960　16开本　　印　张：13.5　　字　数：244千字

版　次：2023年8月第1版　　印　次：2025年8月第2次印刷

书　号：ISBN 978-7-5009-6313-4

定　价：60.00元

购买本社图书，如遇有缺损页可与发行与市场营销部联系

联系电话：（010）67151482

社　　址：北京市东城区体育馆路8号（100061）

网　　址：https://books.sports.cn/

编委会

主　编： 李　星

副主编： 张　健　郭玉石

编　委： 林德望　高　琦　刘松波　路　欢　鲍文彬　孙　雪

前 言

FOREWORD

棒球运动是一种以棒打球为主要特点，集体性、对抗性很强的运动项目，深受广大体育运动爱好者喜爱，东京2020年奥运会将棒垒球列为正式比赛的项目，使棒球的热度再次升高。棒球在我国起步较早，但发展缓慢，国内关于棒球方面的教材较少，且书中内容比较陈旧，涉及的内容较单一，综合知识相对较少，授课内容缺乏新理念，无疑会影响学生对棒球专项知识的理解和认识。同时，在棒球教学方法中缺乏针对性和系统性，教学效果不佳。因此，更需要有一本既有针对性又有专业性的棒球教材，才能在棒球教学中有的放矢。

《棒球初级教程》适用于体育教育、运动训练等专业的大专生、本科生和研究生。通过学习本教材可使学生掌握并了解当前最先进的棒球训练理念与方法，以满足培养社会棒球专项人才的需要。内容的编写以运动训练学原理为基础，遵循体育教育发展规律，符合当前体育教学改革的情况，是一本以普及棒球运动、指导体育教师提高棒球教学能力和组织能力为出发点的教学用书。

本书的特色如下：

一、构建系统的结构性“理论”

本书保持棒球基础知识体系的系统性、完整性，严谨周密，从细节入手，让棒球教学满足初学者的专业课教学需求。其中涵盖棒球运动概述，进攻、防守基本技术，进攻、防守基本战术，棒球练习方法及其常见错误动作纠正，棒球运动训练方法等知识点，附录部分还包括棒球比赛规则及专项术语，充分体现了以基础课为专业课服务的宗旨，根据专业课对棒球知识的需求，选择相关知识纳入教材。内容安排上由浅入深，符合认知规律，理论严谨、叙述明确简练、逻辑性强，便于学生理解和掌握。

二、实践性和知识性相结合

本书的编写注重棒球课程在人才培养中的基础地位和作用，着力突出课程的基本思想方法。着眼于学生对本课程的基础练习、技战术的把握，以及对比赛规则、综合知识介绍的宏观认识，力求教学内容与形式上的改革。改成专业训练与理论知识相结合，以理论为指导，以专项为目的，专项巩固理论，理论指导专项的循环教学模式，努力使学生将理论知识转化为以后教学的主要用途，达到学以致用的目的。

三、内容的科学性

在本书编写过程中，笔者学习和借鉴了国内外同行们的理论与实践的相关研究成果，彻底抛弃那些未经学生实践的教学方法，以“科学、严谨、精品和与时俱进”为指导思想；以“国内外对比相结合，稳定与创新相结合，理论与实践相结合”为基本原则，贴近棒球初学者当前的实践，力求有效充分地发挥指导作用，也为学生和研究者的后续研究提供新的研究起点。

本书由李星担任主编，张健、郭玉石担任副主编，编写分工如下：

李星（天津体育学院）：第一、二、三、四、五章；

张健（天津体育学院）：第六、七章；

郭玉石（天津中医药大学）：附录一、二；

最后由高琦、刘松波、路欢、鲍文彬、孙雪进行串编、统稿与定稿。

本书的编写得到了中国棒球协会的大力支持，棒球前辈林德望老先生也给予了很大的帮助，在此向他们表示衷心的感谢。由于编写人员水平有限，书中难免存在不妥和疏漏之处，恳请广大读者批评指正。

李　星

2022 年 7 月

目录

CONTENTS

第一章 CHAPTER 01

棒球运动概述

棒球是由一种简单的用棒击球的游戏演变而来的竞技运动项目，据史料记载：1839 年，美国人窦布戴伊（Doubleday）组织了第一场与现代棒球运动十分相似的棒球比赛，比赛是在波士顿队和纽约队之间进行的。

棒球运动风靡全球，据不完全统计，目前有近 100 个国家和地区开展棒球运动，其中美国、古巴、委内瑞拉、波多黎各、澳大利亚、日本、韩国和中国台湾普及程度较高。中国的棒球运动也有 100 多年的历史，但是长期以来处于时起时落、停滞不前的状态。

1986 年国际奥委会在瑞士洛桑决定，将棒球列为第 25 届奥运会的正式比赛项目，表明棒球运动已成为世界性体育竞赛项目。

第一节　棒球运动的起源和发展

一、棒球运动的起源

棒球是一项集智力、体能、技巧、品德于一体的球类竞技运动项目，根据美国有关专家多年来的考据，多数认为：棒球运动源于英国的板球（Cricket），棒球运动是从板球脱胎出来的。板球早在 14 世纪中期就在英国盛行，并随着英国人开拓美洲大陆而传到美国东北部各地。1845 年，美国人卡特赖德（Cartwright）为统一名称和打法制定了有史以来第一部棒球竞赛规则，并正式采用了棒球（Baseball）这一名称，其中多数规则条文迄今仍在使用。因此说，现代棒球运动源于英国的板球（Cricket），而创于美国。

二、棒球运动的发展

1845 年以后，棒球运动在美国迅速发展。到 19 世纪七八十年代，出现了职业棒球队，先后成立了全国联盟（National League）和全美联盟（American League）两大职业棒球组织。

随着棒球在美国的迅速发展，1910 年，时任美国总统塔夫脱（President Taft）签署了将棒球运动定为“国球”的法令，正式把棒球定为国球。如今，美国两大职业棒球组织拥有 100 多支棒球队，其中大联盟 30 支，每年都要进行 180 场以上的棒球比赛，每场比赛观看人数众多，盛况空前。此外，不论是大学、中学、小学都有棒球队。随着美国国力的增强，对外的扩展，棒球运动被带到了世界各地，尤其是在拉丁美洲各国。其中古巴最具代表性，水平很高，号称世界棒球五强之一（世界棒球五强：美国、日本、古巴、韩国、中华台北）。棒球运动在亚洲也得到迅速的发展，日本、韩国、中国、朝鲜、菲律宾等国家也开始了这项运动，其中日本发展速度最快，成为世界棒球五强之一。

棒球在中国的发展有 100 多年的历史。据史料记载，1871 年在美国的耶鲁大学成立了由华人留学生组成的棒球队——中华棒球队，这是我国最早的一支棒球队，它的组织者和参与者之一是我国著名的铁路工程师詹天佑，他后来被棒球界誉为“中国棒球之父”。

1922 年旅日华侨梁扶初先生在日本横滨组织了“中华棒球队”，并在该市企业棒球比赛中夺得冠军。1932 年，梁扶初回国后率队参加了 1933 年和 1935 年“全国运动会”的棒球比赛，后赴香港出任华南体育会的棒球教练。在港执教期间，梁扶初先生率领的“中华青年棒球队”首次为华人夺取“国际杯”，被当地媒体和新闻界誉为“神州棒球之父”。

旧中国几届全运会都曾把棒球列为比赛项目，但参加比赛队数不多，水平也很低。中华人民共和国成立以后，棒球运动广泛开展，在第一届全运会时盛况空前，有多达 23 个省市队参加角逐，但可惜没能得到发展，只是昙花一现。直到 20 世纪 70 年代初，才恢复并逐渐发展。目前，棒球在我国北京、天津、上海、广东、河南、四川、江苏等省市开展较为普遍，已开始有中国球员加盟美国职业棒球大联盟和日本的职业棒球联盟的比赛。

棒球在我国台湾地区的发展已有百余年历史，台湾地区棒球水平较高。大陆与台湾“以棒为媒”的交流越来越密切。一些专业队聘请了台湾教练，大陆专业队去台湾集训，台湾派队来大陆访问比赛，这对促进海峡两岸的交流、祖国的和平统一都发挥了一定的作用。

第二节　棒球场地

一、场地规格

棒球比赛场地是一个直角扇形区域，直角两边是区分界内地区和界外地区的边线。两边线以内为界内地区，两边线以外为界外地区。界内地区又分为内场和外场。内场呈正方形，四角各设一个垒位，与地面在同一水平面上。尖角的垒位是本垒，并依逆时针方向分别为一垒、二垒和三垒。内场以外的地区为外场。比赛场地必须平整，不得有任何障碍物（图 1–1）。

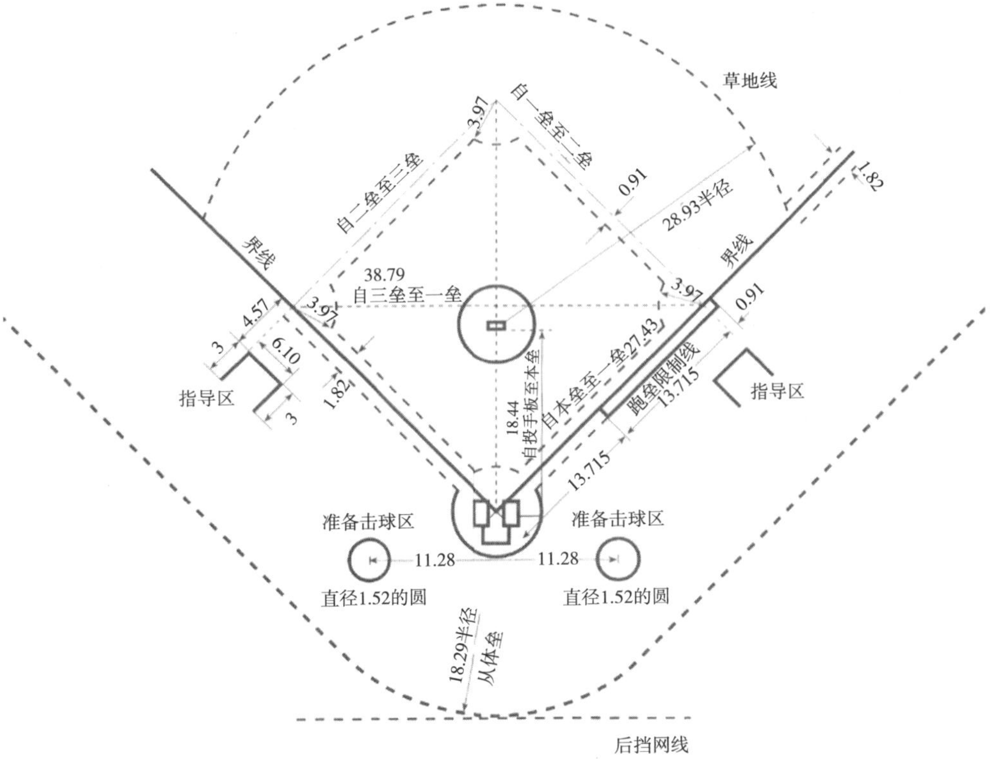

图 1–1　棒球比赛场地

二、场地划分

内场各垒间距离为 27.43 米。投手板的前沿中心至本垒板尖角的距离为 18.44 米。

本垒后面和两边线以外不少于 18.29 米的范围内为界外的比赛有效区。从本垒至界内地区的围墙、围网、观众席或其他障碍物必须在 76.20 米以上，左右两边线顶端距本垒板尖角的距离应不少于 97.54 米。本垒经二垒伸向中外场围墙或围网的距离应不少于 121.92 米。

三、场地划法

应先确定击球方向和本垒位置（即场地纵轴中心线），为避免阳光照眼，本垒最好位于场地的西南偏西的位置。然后在本垒尖角处钉一小木桩，桩上系一长绳尺（至少长 54.86 米），并在 18.44 米、27.43 米、38.79 米及 54.86 米处各打一结（记号），把绳尺拉向东北偏东的地面确定场地纵轴中心线后，第一步在 18.44 米处钉上一小木桩，该处就是投手板的前沿中心；第二步在 38.79 米处钉一小木桩，就是二垒的中心点；第三步把 54.86 米的绳结系在二垒的木桩上，另一端系在本垒的木桩上，手执 27.43 米处的绳结，向右拉直，在 27.43 米的绳结处钉一小木桩，就是一垒的外角；第四步依照上述方法向左拉直，就是三垒的外角。为检查各垒的位置是否合乎规定，可以再把长绳的一端系在一垒的木桩上，以 54.86 米处系在三垒上，然后再拿 27.43 米的绳结向左、向右拉直，用以检查本垒和二垒的位置。

第三节　棒球器材

棒球所用器材包括场地专用设备器材、运动员专用器材和运动训练辅助器材三大类。

一、场地专用设备器材

（一）内场器材

1. 垒包（图 1-2）

垒包共有三块，用白色帆布或塑胶制成，分别固定在一垒、二垒、三垒垒位上，用来标明垒位位置。

一、二、三垒垒包均为 38.10 厘米见方，厚 7.6 厘米至 12.7 厘米的白色帆布包。一、三垒垒包应放在内场，二垒垒包的中心放在二垒的基准点上。垒

图 1-2　垒包

包内装有棕毛等细软物。垒包应固定在地上，比较简单的方法是用十字帆布带和带勾的长钉固定。也可采用在垒包的正下方用带钩的长钉（约 30 厘米）钩好扎牢，并将长钉固定在地上，以便滑垒时垒包不至移动（但可以转动），同时也可避免滑垒受伤。

2. 本垒板（图 1-3）

本垒板一块，呈五角形，有规定的尺寸，安装在本垒处与地面齐平，标明本垒的位置，是攻守双方得分与否互相争夺的标志物，可用厚木板或橡胶板制成，必须是白色。

图 1–3　本垒板

本垒板的尺寸如下：一边为 43.2 厘米，相邻两边为 21.6 厘米，其余两边为 30.5 厘米并形成一尖角，此尖角是一垒边线和三垒边线的交叉点。43.2 厘米一边应朝向投手板，30.5 厘米两边应与一垒和三垒边线外沿交角叠合。本垒板应固定在地上，板面应与地面齐平。

3. 投手板（图 1-4）

投手板一块，固定在内场中央的投手包上，标明投手投球的规定地点，可用白色厚木板或硬橡胶制成。板长 61 厘米，宽 15 厘米。投手板周围应有 86.4 厘米宽，152 厘米长的平台，投手板应与平台齐平。投手板和平台必须高于本垒板 25 厘米，直径为 5.48 米的龟背形土墩即投手区（圆心在投手板前沿中心正前方 46 厘米处），投手板前的斜坡应为平台前沿起向前 1.83 米，每向前 30.5 厘米降低 2.54 厘米，此倾斜度各球场应力求一致。

图 1–4　投手板

（二）外场器材

1. 后挡网

后挡网是固定在以本垒角顶为圆心，18.29 米为半径所画的 90 度弧线上，并向两侧延长到适当的位置，网高一般要在 10 米以上，用于挡住本垒后面接手漏接的球或击球员打成本垒后面各种球的专用挡网。

2. 场地围网

场地围网是连接后挡网与一、三垒场线外 18.29 米处，直到场线顶端的围网，两侧最远处达 97 米以上，网高为 4 米。

3. 本垒打围网

本垒打围网是连接两侧有效区围网端点，到场地正面 121 米处，呈圆弧形的围网。网高 2 米，标明本垒打线的位置，击出的球直接飞越本垒打围网时，即判为本垒打、死球，击球员安全得一分，球在网内为继续比赛局面，有很严格的规则要求。

4. 队员席

一垒和三垒两侧各设置一个队员席供主客两队使用，设置于距边线至少 7.62 米或 18.29 米的比赛有效区外侧。队员席上面应安置顶棚，背后和两侧都应是封闭的。

二、运动员专用器材

（一）球棒（图 1–5）

球棒分为木棒和铝合金棒，是进攻队击球员击球的专用器材，不同年龄、级别，有严格的长度、粗细及外形的规定。

图 1–5　球棒

球棒应符合以下要求。

①球棒呈圆柱形，棒面必须平滑，无截面接头，棒长不得超过 1.07 米，最粗部

分直径不得超过 7 厘米，必须用一根木材制成。

②凹头球棒其凹部深度必须在 2.5 厘米以内，宽度不得超过 5.1 厘米且不得小于 2.5 厘米，凹部截面部分必须呈碗状，不得附着其他任何物质。

③球棒握把位置不得超过自棒端起 45.7 厘米。为便于握棒，从握把端起 45.7 厘米的长度内可使用任何材料处理（包括松脂），但裁判员认为使用的材料超过 45.7 厘米的限制时，则该球棒不得在比赛中使用。

④未经比赛协会认可，在比赛中不得使用着色球棒。

（二）手套（图 1–6）

用于防守队员接球。规则规定，一垒手和捕手可用连指手套，其他球员只可用分指手套，右投者左手戴手套，左投者右手戴手套，每人一只手套。

图 1–6　手套

捕手所用的连指手套，周长不得超过 96.5 厘米，上下端长不得超过 39.4 厘米。虎口的上沿长不得超过 15.2 厘米，下沿长不得超过 10.2 厘米，拇指与食指之间的网连接上端部分不得超过 17.8 厘米，而自上端至虎口部分其长度不得超过 15.2 厘米。虎口处用整块皮革缝制，也可用皮条编成，但不得编成网兜状。手套重量不限。

（三）捕手护具（图 1–7）

捕手在防守时必须戴头盔、护面、护胸及护腿，这是专用的防护用具，规则有严格的规定。

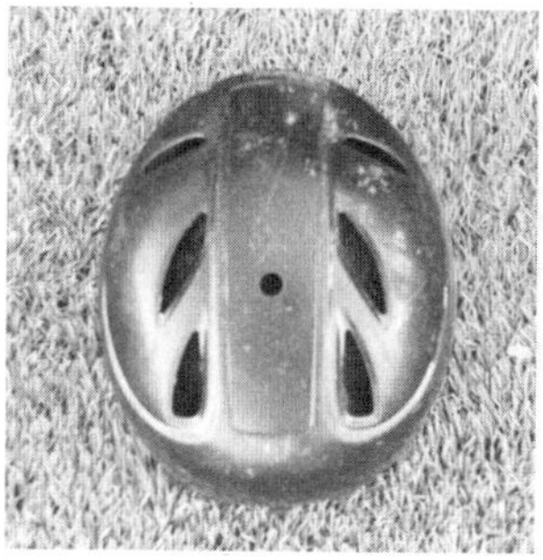
头盔

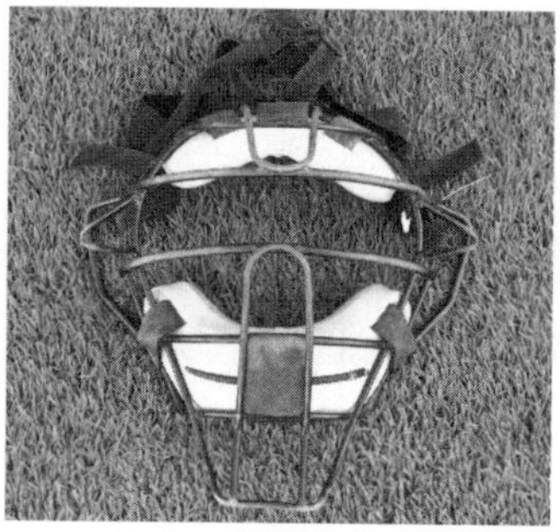
护面

护胸

护腿

图 1–7　捕手护具

（四）击球头盔（图 1–8）

击球员、跑垒员和站在指导区内的跑垒指导员必须戴有护双耳的头盔。

图 1–8　击球头盔

（五）击球员用护肘与护踝（图 1–9）

击球员用护肘与护踝是击球员在击球时戴在朝向投手一侧的上臂和小腿上的护

具。打硬式棒球时一定要戴，以防被投手投球打伤手臂和小腿。

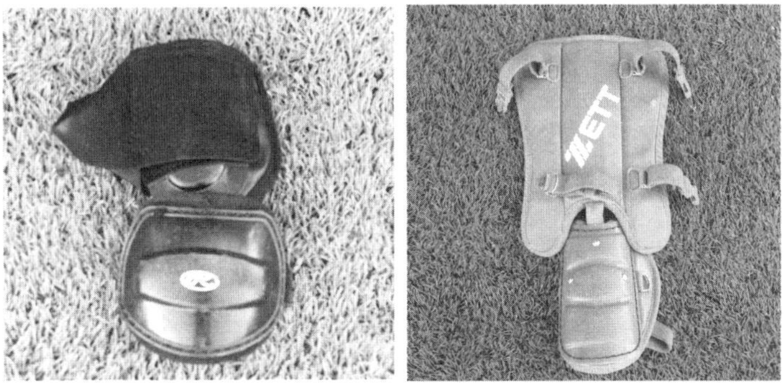

护肘　　护踝

图 1–9　击球员用护肘与护踝

（六）击球手套（图 1–10）

用于击球员击球时握棒，有利于增加握棒摩擦力，训练时防止多次击球磨伤手掌。

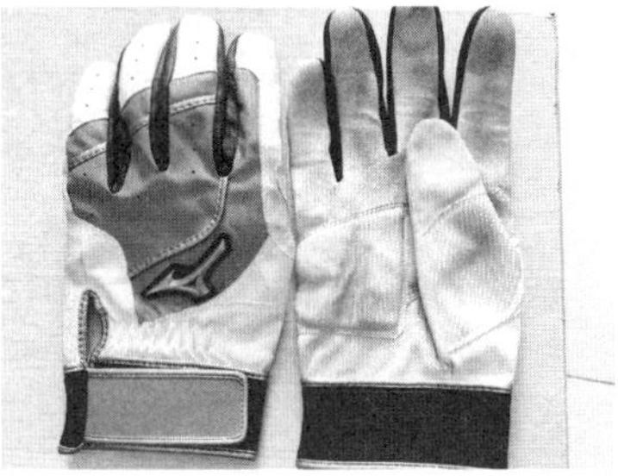

图 1–10　击球手套

（七）球

棒球是用圆形软木、橡胶或类似物质作球心，绕以麻线，再以两块白色马皮或牛皮包紧平线密缝而成。球面应平滑。重量为 141.8 克至 148.8 克。圆周长为 22.9 厘米至 23.5 厘米。

软式棒球由橡胶制成，分 A 型、B 型、C 型、D 型、H 型五种型号，A 型是一般的中弹性球，H 型是准硬式球，内有填充物，弹性较弱于其他型号的球。B 型、C 型、D 型是专供少年使用的中弹性球。

各型号软式棒球的规格标准如表 1–1 所示（弹性的测试自 150 厘米的高度向大理石地面自由落下进行测定）。

表 1–1　各型号软式棒球规格标准

型号	直径（毫米）	重量（克）	弹力（厘米）
A 型	71.5~72.5	134.2~137.8	80.0~100.0
B 型	69.5~70.5	133.2~136.8	80.0~100.0

续表

型号	直径（毫米）	重量（克）	弹力（厘米）
C 型	67.5~68.5	125.7~129.3	65.0~85.0
D 型	64.0~65.0	105.0~110.0	65.0~85.0
H 型	71.5~72.5	140.7~144.3	50.0~70.0

（八）服装

①比赛时，同队队员应穿着式样和颜色整齐一致的比赛服装。比赛服装上衣背号应不小于 15.2 厘米的明显号码，上衣与裤子的号码要一致，否则不得参加比赛。

②同队队员应穿着同一颜色的内衫，除投手以外的队员可在其衫衣绣有标示、号码、文字、徽章。

③每名队员的比赛服装袖长依各人身材而异，但两袖的长度必须大体一致。

④队员不得在比赛服装上装饰与比赛服颜色不同的饰物。

⑤比赛服上不得使用玻璃的纽扣或附着有发光的金属饰物。

三、训练辅助器材

（一）发球机（图 1–11）

用于击球训练，用来固定投点，控制球速。

图 1–11　发球机

（二）击球网笼（图 1–12）

用于击球训练时的防护，采用钢管架加尼龙或铁丝网制成全封闭式，大约长 20 米、宽 6 米、高 5 米。

图 1–12　击球网笼

（三）移动防护网片和刀把网（图 1–13）

用于训练时的防护和辅助。

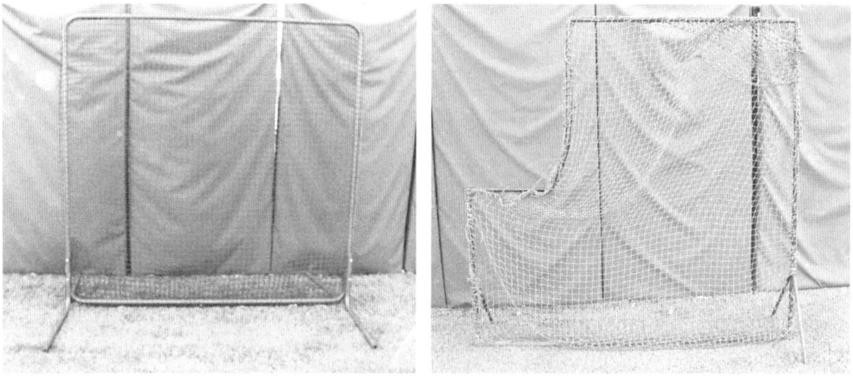

图 1–13　移动防护网片和刀把网

（四）固定击球架（图 1–14）

用于训练打固定球。

图 1–14　固定击球架

第二章 CHAPTER 02

进攻基本技术

棒球运动的进攻技术包括击球和跑垒。进攻是得分的唯一手段。击球技术是进攻队员取得进垒或得分的重要手段，是衡量一个队进攻能力强弱的重要标准。棒球运动攻守分明，进攻在于通过击球、跑垒和战术的运用达到上垒得分，得分多于对方队从而取得比赛胜利的目的。击球技术是棒球运动中难度最大的技术，包括挥击球和触击球两种。跑垒是击球员完成击球任务成为击跑员或跑垒员后，继续完成进垒与得分任务的基本技术。跑垒员一方面可以利用跑垒技能牵制或打乱对方的防守布置，达到掩护队友进垒或得分的目的；另一方面也可以自己继续跑向二垒、三垒，最后跑回本垒得分。

第一节　挥击球

一、挥击技术

（一）击球前应掌握的基本知识

1. 击球的特点

棒球的打击是诸多运动中最难的，棒球获胜的方法是进攻方来攻占防守方的垒位来得分从而取胜，显而易见，“打击”是棒球运动至关重要的一部分，而打击更是有很多类型，如推打、拉打、短打、长打、触击等，进攻方打击的球员要应付防守方投手投来的球，来球的路线更是不定，不知道对方投手会投出哪个位置的球（内角、外角、高、低），也不知道是变化球还是直球。打击不仅要掌握各种击球技术，完成好各种进攻战术，还要富有牺牲精神，为同伴创造多进垒、多得分的机会，击球的指导思想是：活球活打，怎样来怎样打。

2. 球棒的选择

棒球球棒有木质和金属两种。目前职业和专业棒球球员都使用木质球棒，业余和少年儿童球员都使用金属球棒。力量大的球员使用重一些的球棒，力量小的球员使用轻一些的球棒。根据实践经验，不管击球员的力量大还是小，都要选择自己挥起来感到稍微轻的球棒为好。因为轻棒在手便于挥动，便于迅速下棒和用力，运用自如。我们可以把重量不同的几根球棒一根根挥动几下，如果感到挥动自如，那就是适用的球棒。

3. 握棒方法（以右击者为例）

双手握棒，以手指指根握棒的把手，因指根较硬，能顶住球棒，弯曲四指将棒握住，再压上拇指，使两手第二指关节成一条直线。此法如拿雨伞一样，手腕的灵活性较好。也可用上手的第二指关节对准下手的第二和第三关节的中间部位，此法能够充分利用腕力（图 2–1）。

图 2–1　握棒

右击者，左手在下，右手在上，两手要并拢，左击者则相反。一般下手稍微用力握棒，上手只轻轻附着，手腕和手臂自然放松，握棒于体前或置于胸前。一般来说，握棒时左手（前导臂）小拇指离球棒细端 2~3 厘米（标准握法）；如果球棒稍轻，小拇指顶住球棒细端（长握法）；如果球棒稍重，小拇指离球棒细端 3~5 厘米（短握法）。

需要注意的是，不能用手掌握棒，两手的第三指关节不能成一条直线，也不能握得太紧，“锁住”手腕，这样会影响手腕灵活性，容易紧张过度，导致反应慢。手腕的动作在击球技术中占有重要地位。击球员可根据投手特点、战术需要和自身体力、习惯等来选择长握或短握。

（1）持棒位置（以右击者为例）

较理想的持棒位置是：右手握棒处在好球区的上部，大约与肩同高，并离右肩 10 厘米左右（图 2-2）。若棒上有标记，应使标记朝上，避免击球时球棒折断。

图 2-2　持棒位置

（2）持棒角度（以右击者为例）

持棒角度因人而异，有些击球员在投手出球前球棒晃动，球棒的角度是变化的，但投手出球时，球棒的角度则基本固定。一般有 4 种持棒角度，即棒头指向背后、棒头指向体侧、棒头垂直于地面和棒头斜指向投手。初学者一般都用棒头指向背后（图 2-3），臂力弱者，球棒可直立或棒头指向体侧；臂力强者，棒头可指向投手。

图 2-3　持棒角度

4．击球时的站位

（1）两脚在击球区的位置

两脚在击球区的位置一般分为近位、远位、前位、中位和后位。近位和远位是指击球员两脚离本垒板中心线垂直距离的远和近；前位、中位、后位是指两脚离击球员所站区域内一侧垂直距离的大和小。两脚位置的选择，要根据投手的特点、局面要求、战术需要，以及球员本身的能力和习惯而定。如前位有利于偷垒战术或打慢速球、变化球或触击；近位有利于打外角球；远位有利于打内角球；中位是一个比较适中的位置，也是一个被普遍采用的位置。根据战术需要，可以在投手出球前变换站立位置。

（2）两脚的站法

站法是指击球员两脚站立的形式，常用的形式有封闭式、开放式和平行式三种，可根据战术需要变换或调整站法。

封闭式：手腕较易用力和扭动，腰部转动较敏锐，利于打外角球和反方向球，把球击向相反方向（图 2–4）。

开放式：能提高下棒速度，能看清楚球出手，较易打内角球和拉打，但腰部的转动不敏锐而打击的气势较弱（图 2–5）。

平行式：左右两脚与本垒板平行，对任何球都能做有效的打击（图 2–6）。

图 2–4 封闭式

图 2–5 开放式

图 2–6 平行式

（二）挥击

挥击是以击出力量强劲球为目的，围绕身体成圆周形用大力挥棒击球的方法。包括引棒伸踏、判断球、挥棒击球和随挥四个动作环节（图 2–7）。

图 2–7　挥击

挥击是击球员几乎用全身力量击球的方法，其特点是：击出去的球强烈有力，有远度，有高度，对防守队威胁最大，但挥击的难度较大，技术掌握较难。在现代棒球比赛中，往往把挥击作为进攻的主要手段。一个有效的挥击，往往可以连续进垒，甚至有本垒打、全垒打而直接得分；若垒上有人，可能成为牺牲打或关键打，为本队比赛奠定胜利的基础。因此，挥击技术水平的高低，是评定一个队或一名球员进攻能力强弱的重要指标。

1. 引棒伸踏

当投手的伸踏脚接近地面时（右投者），击球员转腰，整个躯干成扭紧的反动力状态，转腰和引棒伸踏是全身用力的准备动作，是重要的技术环节。这个动作是人体运动力学中“超越器械运动”的开始动作，它有助于挥棒动作的加速起动，加大有效的工作距离，提高棒速。

转腰和引棒是上体和上肢动作，伸踏是下肢动作，这一上一下的两个动作应理解为一瞬间完整的技术动作，犹如上了发条的闹钟。在转腰引棒时，两肩、上体、右髋、右臀应以水平方向稍右转，收下颌贴在左肩窝，左肩不要下垂或耸肩，两眼平视，面向投手。棒的握点向右侧方后引，手腕灵活和手臂爆发力强者后引可稍大，棒头指向投手，否则引棒应小些或不引棒，棒头保持垂直或略向后倾斜。

伸踏步幅一定要小，否则重心起伏大，影响盯球和吃中球心。移动的球棒击打移动的球已很困难，若身体移动大，则形成三个移动因素，就更难打好球。

何时伸踏及伸踏后何时击球是一个很重要的节奏问题，要经过多年的训练才能找出自己的节奏感。一般情况下，伸踏要配合投手的动作及时间，涉及的因素有：伸踏的大小、击球员本身的击球能力、投手的特点和球性等。如投手的球速特快，则在投手分手的瞬间就伸踏，球速慢则在投手出球时才伸踏。伸踏时，重心六成压在右腿上，不能前移。因击球发力始于右脚掌内侧，进而推动腰部的力量。伸踏只是为发力作好准备，不是发力的开始。

2. 判断球

两眼集中盯住投手的出手点和出手动作，不要把精力放在投手的姿势和其他投球动作上，否则易分散精力，影响判断球。有经验的击球员能根据投手的出球动作判断投手的投球类型。

投手球出手后，两眼要平视来球，绝不能斜视或前后视。因右眼用于判断好坏球，左眼用于判断距离（对右击者而言），一般情况下，在球出手并运行约 8.5 米范围内（球运行时间为 0.23~0.27 秒），需做出好坏球的判断，决定打或不打。若决定打的好球，要继续盯住球，一直盯到击球点；若决定不打，也要把球盯到底，直到进入接手手套，目的是了解球速，熟悉好球区的立体空间感。

由于球棒比较细长，球体小，且球路、球性等均有变化，三击不中则判出局，这些是造成击球难度大的客观外在因素。因此，能精确判断并尽快区分来球的“好”与“坏”是击好球的前提，也是贯穿击球全过程的一项重要技巧和经验，手臂爆发力强和棒速快的击球员，可延长判球时间，这有利于区分“好坏球”。

要准确判断来球，摆脱投手对自己的控制，心理上的因素很重要。首先击球者要有正确的击球动机,要有进攻性,有把球“打出去”和心理想要“打赢投手”的信心。切忌心神不定、胡思乱想、情绪急躁，克服猜球乱打、盲目追求本垒打或靠运气打等坏习惯。

3. 挥棒击球

挥棒击球是击球员全身协调用力最主要的技术环节，其难度最大、最复杂，它包含四个关键技术环节：起棒、挥棒、中球和随挥。

（1）起棒

起棒是挥棒的开始，也是用力的开始。无论投球是好球还是坏球，一般在投手出球瞬间或球飞行开始起棒，其起动用力自下而上，顺序为：右脚掌内侧蹬地—大小腿内侧蹬转，推动重心渐前移—左转髋—左转腰—左转肩—棒头随之后倒，但不能低于肩。

在全身起动用力过程中，髋、腰、肩三个部位要依次垂直旋转用力，重心的纵轴逐渐向动态前平移，重心要稳定，不能上下起伏。

起棒过程也是判断好坏球的过程，此过程一般是球离手 8.5 米范围内（成人棒球为 0.23~0.27 秒）。手腕和棒头要随着重心的前移稍后倒，否则动作不自然、协调。球棒与手腕的夹角要固定，最好控制在 90° 以内；球棒不能与本垒板中心线交叉，目的是坏球不击时能收住球棒，球与球棒不交叉则不判一击。

起棒的动作和技巧关系到挥棒的速度、球棒的运行轨迹，以及球棒中球的部位和力量大小。

棒头的后倒，球棒与手腕角度的固定，手腕领先于棒头和在转腰时棒头与手腕、击球点的距离，形成“超越器械运动”，提高棒速，当然用力的时间要短，要有爆发力。

起棒时，左上臂靠近胸部，右肘接近体侧，两臂的肘部不能远离身体，否则影响挥棒工作距离。

（2）挥棒

击球就是正确地用球棒击中球，并有力地将球击出。为此，在挥棒时，要利用腰部及肩部的旋转，最后以手腕抛出球棒那样将球棒挥出。挥棒最好是水平方向，在触球的瞬间为水平挥棒即可。若左前臂用力方向改变，则棒圆周的平面角度和挥棒轨迹也随之变化，所以开始挥棒时向下挥棒。球棒从上向下约 45° 角挥出，在触球时左手臂（右击者）向前方伸展，并由此开始水平挥棒。就触球瞬间来说，要水平地挥棒；而就整个动作来说，也可以认为是以左前臂为主导的向下挥棒。

挥棒时，下肢和腰的转动必须领先于上体和手臂。右击者在两臂用力过程中，左前臂能根据来球方向、角度、高低调整和控制用力方向及球棒。两臂的用力几乎是均匀的，但右前臂用力比左前臂稍大，因前者是正手用力，后者是反手用力，类似网球、乒乓球、羽毛球的反手挥拍动作。

挥棒时右肘关节积极向前下方运动，右肘靠近腹部，右肘内侧斜朝上，右肩比左肩略低，以利于两臂在有效范围内走最短路线，且挥棒运动的半径由小到大，提高中球力量（中球时半径最大），否则两臂和球棒的运动如横扫似动作击球，减弱了打击力。右肘积极向腹前移动，有利于配合左臂“反手挥棒”动作向同一方向快速挥棒的合力，这时两肘自然紧缩，击球也会有劲道。挥棒时手腕与球棒的角度逐渐加大，棒头中球前要与球心同在一个平面上，这样击出的球才有效。

挥棒仅靠臂力是不够的，必须通过右腿、臀部、腰部、上体、两肩（以身体为纵轴）的积极转动带动两臂力量击球，充分发挥“超越器械”的特点。髋关节快速旋转是腹外斜肌用力的结果，因此腰腹肌的用力是旋转动作的主要环节，平时应加强腹外斜肌旋转爆发力的训练。

若是右击者，扭动左侧腰部，转动右膝，身体就会自然随之转动。扭动左侧腰部时，随着右膝的转动左臂也会转动使球棒转动到身体的前面。由于左侧腰部的带动使左臂产生收缩力，使球棒与球心接触。这时候，右侧腰部要以冲向球的感觉来转动，就会加大击球力量。如果在左侧腰部带动之前右肩先出去，便无法转动腰部带动手臂击球。

挥棒时不要直接下砍中球，最好中球前球棒轨迹平面与球路同在一个平面上，因前者仅有一个棒中球位置，后者有多个棒中球位置，可提高中球率，因此，两者是“点”和“线”的区别。

（3）棒中球

在棒速最快、手臂伸直的瞬间击中球，这是最理想的击球点，即击球点与肚脐的连线垂直于髋部（图 2–8）。

全身协调用力的最终目的是通过棒头击中球，因此，在击中球的瞬间，要加大腕力（这是最后的加力），要有压腕和扭紧的感觉。这时两手掌同在一个平面上，且要和两手臂同在一个平面上，棒头与两臂形成一个稳固的三角形。

图 2–8 棒中球

技术要点：两臂几乎伸直，加大翻腕力量，有利于两臂充分伸直。

身体重心刚好移到两脚中间，这时重心移动速度最快，重心最稳。

左脚前脚掌着地（稳定重心），右脚掌内侧着地，脚跟抬起。

起棒前左脚掌内侧着地，脚跟稍抬起；右脚掌内侧全着地。左膝关节伸直或微屈；右膝关节弯曲成 90°，球棒与手腕的角度加大，中球时夹角最大。

只能用 90% 全身力量击球，这有利于重心稳定；必须用 110%~120% 的臂力击球，这利于加快棒速，提高中球率。

球中棒的最佳部位是离粗端 5~15 厘米处，因这是球棒承受力量最大、反弹力最大的地方。

击球点最好在本垒板前，但内角高球只有一个击球点，即必须在本垒板前，否则棒头将击不到球，其余击球点可在本垒板上空或后方。

（4）随挥

挥棒后，身体的自然回转动作即为随挥动作（图 2–9）。其有 3 个重要作用：增加棒中球的附加力量、对身体有反射性保护、有利起动跑垒。

击球时手臂力量、腰部的转动等都要自然地进入随挥中，要注意保持身体的平衡。充分的随挥动作有利于球的飞行，也有助于击球员向一垒的跑动。随挥的主要动作环节：前挥、翻腕、屈肘、收手和收棒、放棒。

图 2–9　随挥

前挥：棒中球时，在意识上要主动让球棒向投手前挥，要做好此动作，必须在中球后积极翻腕和前送，这有助于增加中球的附加力量，使球棒的运动能量最充分地传送到球上。

翻腕：这是挥中球后的自然动作，左手向上翻腕，右手在左腕上向下翻腕，右臂贴着左臂。不翻腕就难于屈肘收棒，影响起动跑垒。

屈肘：翻腕后要屈肘，并由两臂带动两肩和上体垂直向左旋转。

收手和收棒：屈肘后，两臂随之向后上方收手，似背口袋上肩的动作，直到把球棒收至左肩背后。

放棒：要先松右手再松左手，这样就可以把球棒放在身体的左后方。注意不要同时松开双手或把球棒在头上打圈，也不把棒扔在前方，以免造成危险、延误跑垒或因棒碰球而被判出局。

二、击球训练方法

不管击球姿势多么正确，球棒击不到球也是枉然。因此要知道如何击中球，并让它飞得更远。

（一）击内角高球（图 2–10）

击球特点：球速相对快，击球难度大，内角高球离击球员的身体比较近，棒头与击球点之间直线距离最短，且只有一个击球点，因此要在本垒板前去击打该球，能否击中内角高快球，是判断球员击球能力的重要标准。

图 2–10　击内角高球

技术要点（以右击者为例）：

①打内角高球只有一个击球点，即必须在本垒板前约 60 厘米处；

②将球棒从右肩直接向下砍，开始时左腕正对投手方向；

③直接下砍时，感觉棒头是朝上的，但实际上棒头逐渐与来球同在一个平面上，中球前手腕水平用力，中球时手腕快速向前滚动；

④不必考虑完成动作，以球棒撞上球的感觉打出去；

⑤完成击球动作后，身体应向一垒方向冲出去；

⑥中球时，髋部指向二垒，棒头应在手腕前面，棒头多数朝上；

⑦右脚掌的蹬推、腰部的扭转及手腕的甩动要快速，爆发力要强。

⑧“本垒打”是靠速度而不是臂力，棒用力下挥中球时，球往往急速向上旋转，使球边上升边前进，直送远方；若用击外角或中间球的方法去击球，棒速必定慢或击中棒尾。

图 2–11　击外角低球

（二）击外角低球（图 2–11）

击球特点：因为外角球离击球员的身体较远，所以击球时身体重心一定要留住，不要向前抢着去打球，挥棒要慢一些，要把球放进本垒板后再去击打。

击外角球较难发力，主要靠上体力量，球往往击不远，故投手常投外角球（尤其是外角低球）控制击球员。若击球员技术运用得好，往往能做出漂亮的战术击球。

（三）击低球

击球特点：击球点有三点，即本垒板前方、上方和后方。击低球的时间比击高球充分一些，击低球时可以稍微等一下。

技术要点：

①切记不能用打高球的方法来打低球，打高球时球棒由上往下打，打低球时球棒先由上往下，再由下往上打，中球时要用扣腕动作，中球后再翻腕随挥。

②击低球时下颏挨着右锁骨，头微向下，绝不能抬头，眼睛向下盯着球心，以右侧腰部找球的感觉击球；

③球棒随着腰的转动落下就会成直线去挥向来球。

（四）击高球

击球特点：棒中球时尽量水平挥出，高球的普遍特点是球速较快，因此挥棒的速度也要快。

技术要点：

①除内角高球外，其击球点有三点，即本垒板前方、上方和后方；

②不能只把球棒伸出去击中球，这样会击中球的下部成为一般的内场高飞球，故对于偏高的球应以球棒敲打球的动作击出去，且双臂要有带动腰部的感觉。

（五）击直线快球

击球特点：直线快球是所有来球中球速最快的球，因此挥棒动作也要简单快速，上手一定要快，突出用手腕快速击球的感觉。直球不仅不会减速，反而会加速，所以较难打。

技术要点：

①要特别注意配合投手投出的时间向球伸踏，球速特快伸踏稍早，球速一般伸踏可稍慢；

②打直球时，球棒要对着来球，尽量挥出去，不能减慢棒速，要加快棒速。

（六）击曲线球

击球特点：曲线球相对于直线球而言，球速要慢一些，但它的特点就是会左右拐，投来的外曲线球如果靠近身体，向外一拐就会变成好球。所以曲线球来了不要躲。

技术要点：

①打曲线球最重要的就是习惯（平时多练打击曲线球），要做到眼睛习惯、身体习惯、心理习惯；

②若判断是曲线球，重心要保持在后脚，稍微沉下腰；

③左脚跟落地时转腰击球；

④可顺着球路推打（外角）或拉打（内角），也可在变化前击出。

（七）击下坠球

击球特点：击下坠球难度最大，因为你不能把棒垂直打击。应对这种球时应在球下坠之前把球打出去。

技术要点：

下坠球有两种情形，一是进入击球区才会下坠，二是从好球区向坏球区下坠。所以有进入击球区之前击出和偏低的球不出棒的方法。但是进入打击区时必须出棒，因此会下坠的球该等它充分到达才拉打。

第二节　触击球

触击是根据战术的需要而采用的进攻方法之一，没有大力的挥棒动作，而是用棒轻触来球或让球碰棒，把球击成界内的地滚球。触击技术包括公开触击和隐蔽触击。公开触击就是直接摆出触击姿势准备击球，隐蔽触击是由挥击的预备动作突然改为触击打法，这是由于战术的需要而采用的。

触击是进攻的重要手段，必须予以重视，就触击的目的而言，可以分为三种，即牺牲触击、上垒触击和抢分触击。牺牲触击和抢分触击的目的在于触击者牺牲自己上垒得分的机会而将垒上跑垒员安全送到下一垒位或得分。上垒触击的目的是击球员想办法自己能够安全上垒。目的不同，其触击技术也不同，击球方法基本相同，只是在使用的目的、时间、使用的局面、击球方向和落点等方面有差异。

一、触击球技术

（一）触击球的特点和作用

①打击并非只是安打、本垒打或全垒打，触击在打击里也占有相当重要的地位。

②触击是攻队战术进攻的重要手段之一，从某一角度讲，触击成功与否关系着球队的胜败。

③触击是最容易也是最困难的动作，必须好好学习。触击容易的原因是：判断球的时间长、距离近、动作小、易于控制球棒、重心稳定、易于控制击球方向、只要球落地且是等球触则成功率较高等。触击困难的原因是：遇到关键局面（如抢分触）心理压力大、坏球也要触、第三击触成界外球判出局、强棒者不愿触击、战术要求多等。

④从战术角度讲，触击似排球的"轻掉"或乒乓球的"放短球"，比赛时用得突然和及时往往会造成守队一时混乱的局面，在势均力敌的比赛中，利用触击可转危为安或反败为胜。

（二）触击的准备姿势

1. 握棒方法

触击无须全力挥棒，故它的握棒方法不同于长挥，一般分为双手握法、三指握法和五指握法。

（1）双手握法（以右击者为例，图 2–12）

双手握法是普遍采用的握法，也是初学者的基本握法。适合公开式、隐蔽式、移动式、起动式触击，其方法如下。

左手五指握在棒尾不动，只将右手往上滑而握住棒即可。

左手握在棒柄端或距棒尾细端 2/3 处。

右手握在球棒中部或距棒粗端 1/3 处。可采用三指、五指握法。若是木棒，可握在标志的下面。

图 2–12　双手握法

右手握棒要紧，但不能太紧，否则球触棒时毫无缓冲作用而增加球的反弹力，滚动快而远，使对方易于防守。握得太松，棒撞球时会因晃动而失去对球棒的控制，且易造成高球。

（2）三指握法（以右击者为例，图 2–13）

右手拇指在上，食指和中指屈于棒下托住球棒，并由这三指捏住球棒，其余两指屈于掌心。

（3）五指握法（以右击者为例，图 2–14）

右手拇指在棒上，其余四指并列握住球棒并对着投手（食指可打开托在棒下），要把球棒握在掌心而不能握在指根。左手要用五指握法，不能用其余握法。

图 2–13　三指握法

图 2–14　五指握法

2. 两脚的站法

（1）开放式（以右击者为例，图 2–15）

先平行式站立，待投手将出球时，先左脚横移，右脚跟上，成左右脚平行站立。全身面对投手，这样易看清球路，易击中球，少儿运动员和初学者常采用此站法，但躲避贴身球较难，注意防止受伤。

站的位置尽量在本垒板前，这样制造界内好球的机会多。若先前移右脚，触击外角球的灵活性和调整步法将受到限制。

（2）轴转式（以右击者为例，图 2–16）

以身体重心为轴原地向左转体，右脚脚跟抬起，重心偏向左脚，身体前倾，上体正面朝向投手。轴转式是触击的常用步法，适合各种战术触击，站的位置尽量在本垒板前。

图 2-15　开放式

图 2-16　轴转式

（3）前移式（以左击为例，图 2-17）

从长挥的平行式站立，侧身后交叉或前交叉前移到本垒板前。前移时左肩始终朝向投手。移动式触击必须向前移动，不能向后移动，以免妨碍捕手被判出局。

先前移左脚，再移右脚。前移左脚时可根据内外角球调整落地点。

图 2-17　前移式

（4）起动式（以右击为例，图 2–18）

适用于隐蔽触击，达到自己上垒的目的。起动式又分为左脚前踏起动、右脚前踏起动和后脚前交叉起动。边起动边触击时，可采用双手或单手握棒法。

左脚前踏起动：当判断来球是好球时，重心前移，左脚抬起前踏触球。中球之前左脚不能完全踏出击球区。

右脚前踏起动：当判断来球是好球时，重心前移，右脚抬起前踏并指向一垒。

后脚前交叉起动：当判断来球是好球时，重心前移，后脚迅速前交叉起动触球。

图 2–18　起动式

（三）战术触击的技术要领

1. 上垒触击

在防守球员无准备的情况下，击球员自身安全上到一垒。触击时要做到隐蔽而又突然。

条件要求：

① 起动速度快、跑速快、技术要熟练，可边跑边触。

② 触击动作的暴露时间要晚一些，即最好在投手出球之后。

③ 投手右击者出球时，重心移向左脚，内角球用右脚后撤，外角球用右脚抬起前踏或前交叉起动触击。若二垒有跑垒员，触向三垒方向更为有利。但一般是内角球触向三垒方向，外角球触向一垒方向。

④ 投手左击者出球时，内角球重心移向右脚，左脚上步前交叉转体将球触向一垒方向（左脚尖指向一垒）；外角球左腿上步（左脚尖朝向投手）转体将球触向三垒

方向，边触边迈左脚起动跑垒。要有触外角球的准备，外角球变内角球时，可调整左脚的起动指向。

2. 牺牲触击

又称公开触击，是指击球员牺牲自己可能安全上垒的机会，使跑垒员安全进入下一个垒位。目的是通过打触击球吸引守方注意力，让守方传杀击球员，掩护垒上的跑垒员进垒。

（1）条件要求

①在投手出球之前就做好触击姿势，要争取触投来的好球，坏球收棒。

②最初可站在击球区中部，上步后立于击球区前部，在本垒板前触球。绝不能立于击球区后部，避免将内角球和外角球触到界外。

③只要专心把球触成界内滚球，就算成功，绝不能急于跑垒。

④无人或一人出局，一或一、二垒或二垒有跑垒员时。

⑤无人或一人出局，三或二、三垒或一、三垒有跑垒员时。

（2）动作要领

① 站位和握棒。

用自己最有把握的触击方式，如开放式双手握棒触击、轴转式双手握棒触击等。

②转体、双手分开、握棒迎球。

投手球出手后，击球员身体正面朝向投手。转体时，双脚不需移动或伸踏，只需以前导脚的脚踵和轴心脚的脚尖为轴做 90° 的转体即可完成。与此同时，右手握棒上移到球棒中部，左手握球棒的细端。这时触击的整体姿势是：身体正对投手，双脚前后分开，双膝微屈，双手持棒前伸，棒头稍高，眼睛与球棒的中球部位平齐，盯住来球。

当投手的投球运行到一半时，击球员要根据来球的高低内外，通过调整双膝和双手，使球棒的中球部位对准来球，眼睛、球棒和球要在同一水平面上。来球时，双手对准来球轻轻将球推出或者让来球触棒，一定要将球触成界内的地滚球。

触击球的落点方向要靠双手的伸收，收左手伸右手，棒向三垒，就把球触向三垒；收右手伸左手，棒向一垒，球就触向一垒。

3. 抢分触击

抢分触击时必须隐蔽而又突然，根据教练员发的暗号与三垒跑垒员密切配合来完成，目的是使三垒跑垒员抢回本垒得分。

（1）条件要求

①无论好球、坏球，只要教练员发抢分的暗号就必须执行。

②三人出局前，三垒有跑垒员。

③击球员两击以前，双方比分接近或平局，面临比赛的胜负时。

（2）注意事项

①击球员不能过早暴露触击的意图，必须等到投手的投球动作已经运行到半途才能起动触击。

②击球员一定要把球触成地滚球，不能触成高飞球。

③三垒跑垒员待投手出球时才抢本垒。

（四）触击球的相关因素

1. 力量

右击者用右手的前推或后缩缓冲来控制球的力量，缓冲的幅度应根据来球速度而定：球速快，缓冲幅度稍大；球速慢，则缓冲幅度小。但缓冲的动作不能太快，否则易触成小飞球。

2. 方向

击内外角球或前推、后拉触击时，均应固定左手位置，只由右手控制力量和方向，用左右肩部的调节来控制球向，即右肩突出球会滚向三垒方向，左肩突出球会滚向一垒方向。

3. 高低球的控制

来球低时，绝不能只把手臂放低，必须屈膝，降低重心，即来球的高低主要以双膝来调节棒的高低去触球。

4. 触击的时机

针对比赛时不同的战术需要和自身的特点、能力可分为公开战术意图的“公开触击”和隐蔽战术意图的“隐蔽触击”。公开触击动作的暴露时间早一点，即在投手投球之前或更早一点；隐蔽触击较公开触击动作的暴露时间晚一点，即在投手投球出手时或出手之后。

二、触击球的训练方法

（一）三人互投触击练习

将学生分成三人一组，每组一个球，一根球棒，用棒球手套或击球手套当作本垒板，一人投球，一人触击，一人捡球，投球距离为5~8米。击球员用正确的触击动作将球触成地滚球，每触 10 次为一组，三人依次交换。

（二）四人互投触击练习

将学生分成四人一组，每组一个球，一根球棒，用棒球手套或击球手套当作本垒板，一人投球，一人触击，一人在一垒的方向防守，一人在三垒的方向防守，投球距离为 5~8 米。击球员用正确的触击动作将球分别触一垒方向 5 次，三垒方向 5 次，都要触成界内的地滚球，如此反复练习触向一垒和三垒，10 次为一组，四人依次交换。

（三）触击攻守练习

把学生分成两队，进行触击攻守比赛。内场手各就各位，投手投球，击球员触击上垒，守场员接球传杀。一队所有人都触击一次为一轮，交换攻守，另一队每人再触击一次，此时为完整的一轮比赛结束。最后以得分多者为胜。

第三节　跑　垒

跑垒是棒球比赛中进攻队队员击球上垒和上垒以后继续进攻的一项极为重要的基本技术。比赛中，攻方队员的上垒、进垒、偷垒以至得分都是通过跑垒才能实现的。因此，跑垒是进攻的重要技术之一。若说球队的得分差异，取决于能否巧妙地运用跑垒也并不为过。能巧妙地跑垒，增加得分机会，故跑垒与打击是球队增加分数时不可分割的重要进攻技术。

必须了解的是，跑垒的好坏并不仅由个人的跑垒速度来决定。虽然跑垒员须具备最低限的跑垒速度，但形成跑垒中枢的是棒球化的头脑与反射神经。即使跑速惊人，但如不能确切了解棒球性质的人，仍不能成为一流的跑垒员。这好比请一位精于田径的选手担任跑垒员一样，丝毫不能发挥作用。因此跑垒员应找到适合自己能力的跑垒速度，即使是速度稍慢的人，也要努力练习，通过跑垒技巧弥补速度上的不足。

一、跑垒技术

跑垒技术包括上垒跑、安打跑和全垒跑三种。成为跑垒员的第一个出发点是，当打到投手投出的球后开始向一垒冲去时，也就是所谓的起跑。没有起跑，就不可能成为跑垒员。跑垒的优劣决定于四个要素，即起跑、跑垒能力、跑垒法和跑垒意识。

（一）上垒跑技术（右击者）

1. 挥棒后的起动（图 2-19）

击球员在完成击球任务后，要尽快起动离开本垒向一垒冲去，速度应像短跑运动员参加百米比赛那样。在放棒和跑出击球区时要立刻调整姿势，以低姿势跨出第一步来加速。

技术要点：由于击完球后，重心大部分已顺势移向左腿，这时右脚前掌用力后蹬地并起动第一步（其实在随挥的同时已经自然做好起动准备），第一步要小，同时带动左脚向一垒跑出第二步，这一步比第一步要大，身体前倾，两臂自然摆动，加快速度、加大步幅直奔一垒。

图 2-19 挥棒后的起动

2. 起跑阶段（图 2–20）

起跑阶段也是加速阶段，路长约 5 米，这时身体仍保持前倾（不能突然抬身，以免影响跑速），步幅小，步频要快，加快两臂摆速和力度，全力奔跑在直线上。

图 2–20　起跑阶段

3. 垒间跑阶段

垒间跑也是途中跑，属匀速阶段，约 20 米。进入垒间跑时，身体获得较大加速后上体要逐渐抬起，蹬地抬腿加大，两臂摆幅和摆速也加大，两眼注视垒包和一垒指导员的手势。在半途要经过三尺（约 90 厘米）宽的跑垒限制道。若球在跑垒员背后接到，而跑垒员由于未经过跑垒限制道内以致碰到传球，使传球路线改变时，会因妨碍守备被判出局。在垒间跑阶段，若一垒指导员用手势或口语指示向二垒跑，击跑员应立即绕道拐弯跑垒。若防守队员在限制道内接球，击跑员有责任躲开他以避免冲撞，也有权利绕道往垒线内侧方向跑一垒。

4. 冲刺阶段（图 2–21）

这是踏一垒包前约 3 米的阶段，属最后冲刺。技术要点：身体前倾，弯背低头，以一垒后方为目标全力冲刺，犹如百米赛跑的压线感觉。

图 2–21　冲刺阶段

5. 踏一垒

左右脚均可踏垒，踏垒时务必用前脚掌踏垒包外侧的最近垒角，身体向外倾斜。

6. 减速和停止阶段

在全速冲过一垒后，要减速，降低重心，身体稍后仰，头右转，眼睛观察球是否漏接。若球漏接，应快速左转体直冲二垒（当然还要根据漏接程度来定）；若球不漏接，最好在一垒包界外的4米范围内停下，面向场内，观察攻守局面。

7. 返回一垒或做好进垒准备

返回一垒时，务必从界外回垒，若从界内返回则有被触杀出局的可能。若攻守行为仍在继续，在返回一垒后要做好进垒准备。

8. 注意事项

①挥棒后，起动尽量要快，挥棒的动作不可勉强，将全身力量仍用在随挥或思想过于集中放棒，会导致力量过于集中上身，以致下身力量不足影响起动时间。

②规则上虽然允许冲过垒包，但在冲过垒包数步后即应停止，以备随时能迅速回垒，且对比赛的任何变化，能即时采取行动。

③在接近垒包时，不可减速、跳跃、加大步幅或急剧摇摆猛冲。若一垒手跳起接球，为防止触杀可采用坐式滑垒或扑垒。

④必须跑过垒包而不是跑到垒包。

（二）安打跑技术

1. 挥棒后的起动

同上垒跑技术。

2. 起跑阶段

同上垒跑技术。

3. 垒间跑阶段

安打球或击向外场球要根据一垒指导员的手势或口语进行跑垒，安打跑的跑垒法有三种：直角法、弧形法和P形法。

直角法：直线跑向一垒，离垒包3米左右开始减速，踩垒包时直角拐弯。此法适合身高矮、灵敏性高的跑者，比赛中较少采用。

弧形法：挥棒起动跑垒后，跑动路线接近圆形。此法适合身高高、灵活性稍差的跑者。

P形法：在接近垒包8~15米时，不要仍跑直线，要采取合理P形曲线跑法，在绕道拐弯时，左肩向下倾斜，左臂靠在体侧，略微甩动，右臂则尽量向体后甩动，这有利于弧形跑和保持身体平衡，且在垒上的转身动作能顺利完成。同时，必须根据跑者的体型、灵敏度来取决绕道拐弯的弧度、弧长。此法较常采用，身高高、灵敏度稍差的跑者，弧度和弧长稍长；身高矮、速度快、灵敏度高的跑者，弧度和弧长相对小一些（图2–22）。

图 2–22　形法

4. 踏一垒

在跑过一垒时，通常以左脚踩垒包内角，因该脚较有后蹬力，能使腰部顺利旋转。踏垒时身体倾向内侧，面向二垒方向，但如果觉得用右脚踩垒方便且有力，也可用右脚，左右脚踩垒的优缺点分别是：左脚蹬力较大，易面向二垒，但半径大，距离稍长；右脚蹬力稍小，侧向二垒，但半径小，距离短（根据两点之间线段最短或三角形两边距离之和大于第三边的原理）。

5. 继续进垒或减速停止回垒

若是一垒安打球，要根据安打球的方向决定继续进垒距离，并面向球的方向，如左外场前安打球（图 2–23），要跑过垒包 6~9 米；中外场前安打球（图 2–24），要跑过垒包 5~7 米；右外场前安打球（图 2–25），需跑过垒包 3~5 米。同时，跑过垒包时要逐渐减速，观察场上情况，若接住球，要在合理距离内停止跑动，待把球准确传给内场手时，才开始回垒（若传接失误则酌情进垒）。回垒时，做到边转身，边看球，边回跑，有时可遮住一垒手的视线回垒。

图 2-23　左外场前安打球

图 2-24　中外场前安打球

图 2-25　右外场前安打球

6. 连续进垒

若打出去的球越过外场手或外场手之间的突破球，必定是一个垒以上的安打，即长打路线，这时从起跑阶段开始，采用 P 形或弧形连续跑向二垒或三垒，要一口气跑完，中途绝不能减速，跑到二垒或三垒停止时要酌情运用滑垒、扑垒等技术。

7. 注意事项

①击出外场球，以服从跑垒指导员的指示为原则（一般不要由自己决定）。在击出右外场方向的球时，可由自己决定是否进二垒。若击出左、中外场球，由本垒冲向二垒，要听从一垒指导员指示，由二垒冲向三垒、本垒要听从三垒指导员指挥。必要时，可依击球状况加入自己的意见。不论是哪一种情形，如欲向下一垒跑，就要瞬间作好决定，然后全力跑垒。

②欲在二、三垒上停止，要运用滑垒、扑垒等技术，否则无法立刻停止。

③绝不可在接近垒时减低速度，若过分意识到垒的位置，会使步幅无法配合，于是就想降低速度以配合步幅。所以在平常练习时，要将自己应跑的步频、步幅保

持相对固定。

④绝不可踩垒包中心，以免球鞋顶住垒包（增大阻力，影响速度），或因和地面的高度不同，伤到脚跟，或无法保持身体平衡，造成不利于跑垒的局面。

⑤跑垒员最大的错误是跑垒意识差，即当击出内、外场高飞球时往往减速跑垒，或绕过一垒后以为外场手把球接住，冲出 3 米左右就停下来看。可是当外场手失接后，因与二垒的距离较远，没把握冲到二垒，仍停留在一垒上，这个错误是由跑垒员跑垒意识差造成的。

⑥棒球运动有句谚语：“场地越不平，跑垒员越勇敢。”因场地不平，地滚球弹跳越不规律，故跑垒员可多离垒，一旦防守失误，可伺机抢下一个垒。

⑦多垒打时，每经一个垒要力争用左脚或右脚踏垒包的内角（指向内场），上体向左前方倾斜，右臂加大摆幅，如同径赛弯道跑技术。

（三）全垒跑技术

击球员击出很远的多垒安打球或防守队员漏球很远时，击球员就要做多垒跑或全垒跑，因为这时在踏触已得到的垒位后到达下一个垒位前，都是冒险进垒，有被杀出局的危险。因为由击球员变为击跑员过一垒后，就变为跑垒员，这个过程中全程都是快速跑；同时为了适应三个垒的 90° 转角，要绕出适当的弧线，还要加大右臂的摆动幅度并缩小左臂摆动，身体尽量向左倾斜以克服转弯时的离心力。跑出最短的路线、最快的速度，做出多垒或全垒跑。

在跑垒过程中，由于击跑员无法看清球的落点和方向，全力以赴在跑垒，因此要靠一、三垒指导员的帮助与指挥。到一垒前指导员告知是安打，则要按安打跑过一垒后冲向二垒；一、二垒间转头看一眼三垒指导员的暗号，是要求停在二垒还是继续冲向三垒；过二垒后，看三垒指导员指挥是要求停在三垒还是要继续进本垒；过三垒后要听后面的三垒指导员的口令，是要求继续跑，还是要返回。与此同时，还要参照击球区里的击球员或得分以后的前位跑垒员的提示，综合地完成跑垒任务。

二、跑垒的训练方法

（一）挥棒启动跑一垒练习

目的：做到挥棒后身体重心稳定，上体倾向一垒，要求击跑员跑限制线。掌握跑进一垒的路线，踏垒方法和制动回垒。

方法：学生在本垒附近围成半圈，老师讲解。向一垒跑时要跑限制线；要全速直线跑入一垒，踏垒包的外角；要以碎步制动；要转身面向内场，不能进二垒时要从界外区域回到一垒，能进二垒时要从原地迅速跑向二垒。老师讲解后示范两次，然后由学生逐一进行练习。学生可在本垒和三垒分两组同时进行练习。

（二）连续跑垒练习

目的：掌握以最小的跑垒弧线，不降低速度连续跑垒技术，争取以最快的时间到达下一个垒位。

方法：可以分别进行从本垒或一垒连续跑两个垒的练习，并进行从本垒或一垒连续跑三个垒的练习。最后进行连续跑过一垒、二垒、三垒、本垒四个垒位的练习。连续跑两个垒或四个垒都可以将学生分成两组同时进行跑垒比赛。

（三）离垒、回垒和准备进垒练习

目的：掌握离垒的最大安全距离，安全回垒的技术和随时准备进垒的习惯。

方法：可以让学生站在一垒和三垒的垒位上同时练习，两名老师站在投手板上分别面向一垒和三垒的学生，做投球、传牵制球动作，同时喊出口令，如“传球”“投球”，学生可以根据老师的口令做出返垒和进垒的动作。当老师做传球动作同时喊“传球”时，学生则立即回垒；当老师做投球动作同时喊“投球”时，则继续向前跑垒。

（四）盗垒练习

目的：掌握盗垒的时机，学会抓住投手投球的动作，做好盗垒的起动动作。

方法：老师先讲解盗垒的动作要领、注意事项并进行示范，随后由老师进入投手区当投手。先传牵制球一次或几次，然后投球。学生轮流从一垒做盗垒练习。投手传牵制球则回垒，投手向本垒投球则起动盗垒。

为了提高效率，也可以把学生分成四组，分别安排在四个垒，同时按排四个投手和四个防守球员接牵制球，四组同时进行盗垒练习。

第三章 CHAPTER 03

防守技术

一场棒球比赛的胜负不仅取决于进攻的强弱，而且决定于防守的好坏。防守时通过投杀、接杀、封杀、触杀等形式阻止进攻队的击球、进垒和得分，进而达到使进攻队出局的目的。本章主要内容是内、外场手的防守技术，包括投手、接手、一垒手、二垒手、三垒手、游击手和外场手的防守技术。每个防守位置在技术上有个共同基础，那就是传球和接球技术。在训练次序上，应先进行传接球基本技术的训练，再进行位置技术的训练。我们必须十分重视防守技术，力争提高每个内、外场手的防守水平。

第一节　接传球

一、接球

（一）手套接球部位和方法使用

准备接队友传球时，两脚平行开立，与肩同宽，正对来球方向。双手举至胸前，手套张开，右手准备保护，双眼目视来球方向（图 3–1）。

图 3–1　接球

①将手套口垂直正对来球，张开手套；把球等进手套虎口位置球袋后，稍合手套，适当缓冲；同时右手盖住手套，护住球。如果来球偏离身体，则脚下迅速移动到正对来球方向，再做接球动作。根据来球位置的不同，手套的摆放也有不同。

②掌根接球，球易弹出；虎口接球，向后缓冲突然、不安全，皮条容易被打断；夹不紧，球易掉。

③手套掌心和手臂基本成一条直线，手套的正面和来球应垂直。无论来球方向

如何，均用手套的掌心对着球。

④接球时，务必做到球在手套之上，否则易掉球。

⑤接球好的人手套有响声，主要是有好的缓冲和空气压力起作用。

⑥手套不宜戴得过深或太浅，过深则不灵活，过浅则易被球打掉。

⑦戴手套时可将食指放在手套背后。接手和游击手较常用此方法，主要是因接球多，食指放在手套背后，以防伤痛。

（二）接球手法（以左手接球为例）

1. 五指朝上

适合接腰部以上的来球（图 3–2）。

2. 五指朝下

适合接腰部以下的来球（图 3–3）。

3. 五指朝左

五指约与地面平行，适合单手接左侧较远的来球，用正手接（图 3–4）。

图 3–2　五指朝上接球

图 3–3　五指朝下接球

4. 五指朝右

五指约与地面平行，适合单手接右侧较远的来球，用反手接（图 3–5）。

图 3–4　五指朝左接球

图 3–5　五指朝右接球

5. 五指朝前

适用前伸接球（图 3–6）。

图 3–6　五指朝前接球

（三）接球前的准备姿势

①选好自己的防守位置。

②两眼注视投手，投手踏板暗号时，两腿半蹲，两膝略内扣，两脚左右开立。

③投手投球动作开始，两眼转移注视击球员（直到球中棒），重心进一步下降，身体前倾，臂部略提起，脚跟离地，下肢保持一定紧张，如同受压的弹簧，一触即发，两手自然下垂（图 3–7）。

④投手投球出手，内场手可向前走 1~2 步碎步，这有利于接球和起动。

⑤外场手两手触膝即可，不一定要两手下垂。

图 3–7　接球前的准备姿势

（四）接球基本技术（以左手接球为例）

接球技术由接球的准备姿势、接球点、接球的手法和接球的步法四部分组成。根据来球方向、球路，接球基本技术包括接高飞球、接地滚球、接平直球。

1. 接高飞球

（1）接球点

弧度大的来球，接球点在左额前方约 20 厘米（图 3–8）；弧度小的来球，接球点在胸前约 30 厘米；正对太阳时，注意用双手挡住阳光，同时用眼睛观察球路和落点。外场手可戴专门的太阳镜。

图 3–8　接球点

（2）手法

手套五指朝上，双手拇指相靠，右手注意护球。接球前瞬间两手要主动前伸迎球接。接球的同时右手要翻腕护球并缓冲和取球，左手要夹紧球。

（3）外场手步法

①原地正面接高飞球时，两脚前后开立，左脚在前，重心在两脚之间。若判断落点准确，可先后退几步，再向前做三步接传球步法，这有利于加快身体的前移速度，加大惯性，提高传球距离。

②左侧接高飞球时，左脚先转动，这有利于左转体快速侧身跑。最好调整左脚在前时接住球，这样步法简练，有利于快速出手。

③右侧接高飞球时，右脚先转动，这有利于右转体快速侧身跑。最好调整右脚在前时接住球，这有利于快速出手。

（4）接高飞球应注意的问题

①尽快判断球路的类型和落点，最好在球的上升阶段就判断好。根据抛物线原理，上升球路和下降球路是基本一致的（当然也受风向、球旋转方向等因素影响）。

②球路是大抛物线的，则落点较近；球路是小抛物线的，则落点较远。

③无论球路如何，应尽量对正来球方向，并在球的下面用双手接住球。

④不要一边跑动一边过早伸手找球。

⑤若判断落点准确，外场手可先后退几步，再向前跑几步接球，这有利于加快身体的前移速度，提高传球距离。

⑥若时间允许，应力争把身体调整到球落点的后方一两步，宁愿在前面接住球，

也不要在背后接住球。

⑦若球落点在两人或三人之间（即三角地带），接球能力较好和跑速快的外场手要大胆喊出“我的”，尤其是前冲接球要勇敢扑接，因漏接也有人补接。若落点在边线附近并较难接住的球，这时中外场手往往来不及补位，因此是否扑接要根据双方的比分多少、垒上情况等因素决定。如双方比分接近，三垒有人，球落点在边线外，则最好不接（二人出局以前）；若垒上无人，二人出局以前，球落点在边线内，则以堵接为主。

⑧接球后尽快处理局面或尽快传给内场手，绝不能持球过久。

⑨顺风球要靠后防守，逆风球稍靠前防守。

2. 接地滚球

（1）接球点

接球位置是以自己的左右脚和接球点来设定三角形，左右脚的连接线为底线，就在三角形的顶点位置接球（最好是等腰三角形的顶点），且接球点与眼睛应在一条垂直线上（图 3–9）。

图 3–9　地滚球接球点

（2）手法

手套五指朝前，手套触地，两掌根相靠，右手张开注意护球。接球前的瞬间两手要主动前伸（有利缓冲），接球同时右手要盖球、缓冲、取球。同时，两肘稍内收，不能外展。

（3）步法

1）内场手

两脚跨在球前进方向两侧，比肩稍宽，先固定轴心脚（右脚），后固定伸踏脚，两膝弯曲稍外展，稍提臀，重心压在两只脚的脚掌上。胸部靠近大腿，右脚尖与左脚跟在一条直线上（图 3–10）。

图 3–10　内场手接地滚球步法

2）外场手

①半蹲式：接慢速地滚球时采用，步法和内场手接球步法相同（图 3–11）。

②站立式：接中速或慢速地滚球并急需处理局面时采用，特点是两脚分开较大，

可采取单手或双手接球，接球后快速做传球动作（图 3–12）。

图 3–11 半蹲式

图 3–12 站立式

③全蹲式：适用于接快速或中速地滚球，特点是两腿全蹲，大腿和小腿相靠，两膝关节外展，两脚跟离地并相靠，臂部贴近两脚跟，身体前倾，接球点在两脚正前方（图 3–13）。

图 3–13 全蹲式

（4）接地滚球应注意的问题

①无论来球方向如何，应尽量对正来球并用双手接球。

②两眼紧盯来球，随时注意球路的变化，若是反弹球，抢反弹的一瞬间把球接住。切忌因怕球而养成高姿势或侧身接球的坏习惯。

③要积极主动迎球接，切忌等球接。大脑的反应时间快于球的来速才能处于主动地位，因此注意力要高度集中，绝不能分心。

④球进手套的瞬间，左手要稍向上做抓球的动作，并立即用中指和食指去抓球和

取球。

⑤若来球突然反弹高球，要用身体阻挡，以免漏接。

⑥若按正常的姿势接球，则不会打中头部，尤其注意身体要前倾，若身体不前倾则易打中头部。

3. 接平直球

（1）接球点

接球点一般在胸部、头部附近、腰部、大腿前方或身体左右两侧，因来球快，接球点是随意的。

（2）手法

平直球的球速较快，接球时，一般用单手，球进手套的瞬间要有缓冲动作。接腰部以上的平直球，手套五指朝上或稍偏右，两拇指相靠；接腰部以下的平直球，手套五指朝下，两掌根相靠，右手注意护球；若来球刚好在腰部，则可降低重心，用手套五指朝上的方法接住球（图 3–14）

图 3–14　接平直球

（3）步法

两脚移动迅速灵活，尽量使球在身体的正前方接住。来球稍偏左或右，左脚或右脚向来球方向跨一步；若来球偏左较大，则右脚做向左做前交叉步，左脚顺势跨一步接住球；若球偏右较大，用反手接球技术。

（4）接平直球应注意的问题

①因来球速度快，故反应要敏捷，要勇敢，不要眨眼。

②切忌手套指尖朝前，以免挫伤手指或打中身体。

③若来球特快，反应已来不及，可用手套背面挡球，待球落地后再拾球传杀。

4. 较高难度的接球技术

（1）单手反手接球（图 3–15）

①特点：来球速度较快，离身体右侧较远，用双手接已来不及。一、三垒手及内场手常采用此技术。

②接球点：离身体右侧 1.5 米左右。

③手法：反手使手套五指朝右，因球速较快，注意缓冲，同时眼睛始终注视来球。

④步法：右脚先转动，并使重心过渡到右脚，左脚快速前交叉向右侧跨出一步，

同时右转体，使背部对着来球方向，左手快速向来球方向前伸接球（图 2-25）。

⑤注意点：若球离身体右侧不远（1 米内），则只要转动右脚、右转体，左手快速向来球方向前伸接球即可，左脚不要向右侧跨步。

图 3-15　单手反手接球

（2）单手接左侧球（图 3-16）

①特点：来球速度快，离身体左侧较远，用双手接已来不及。内场手常采用此技术。

②接球点：在身体左侧 1.5 米左右。

③手法：手套五指朝前，接球时注意缓冲。

④步法：右脚向左做前交叉步（后交叉步也可以），重心过渡到左脚，当右脚落地的同时，左脚顺势向左跨出一步接球。

图 3-16　单手接左侧球

（3）接反弹球（图 3-17）

①接球点：接球最佳点是在球刚落地瞬间，其次是球上升到最高点的瞬间，再次是在球下降阶段接住球，最后是在球上升阶段。

②手法：球刚落地的瞬间，手套要积极做稍向上捏球（或找球）的动作，同时右手护球、取球。

③步法：两脚跨在球前进方向的两侧，尽量对正来球。上体前俯，臀部稍提起。

图 3-17　接反弹球

（4）前伸接球和坐滑接球（图 3-18）

①特点：离防守队员前面较远的高飞球，来不及用双手接。

②手法：在向前跑的过程中，不要过早伸手接球，两手臂要正常前后摆动，接球时迅速伸手，手臂尽量前伸，五指朝前。

③步法：尽量左脚在前接球，这有利于步法调整和快速出手。当前伸已无法接到球时，可采用应急办法，即坐滑接球。

前伸接球

坐滑接球

图 3–18　前伸接球和坐滑接球

④注意点：若落点在外场的边线附近，无把握接的球最好以堵接为主，因为漏球后往往来不及补位；若是边线外的球，则大胆向前冲接（二人出局时）；二人出局前，三垒有人，则要根据双方比分、比赛局数等因素决定是否接球。

（5）右扑接球（图 3–19）

①特点：来球速度快，离身体右侧远，双脚不蹬离地面接球已来不及。内外场手常采用此技术接远离自己身体的平直球、空中球或地滚球。

图 3–19　右扑接球

②接球点：球离身体右侧 2 米左右的空中球或地滚球，接球点和右脚蹬地点的距离至少和充分伸展的身体等同。

③手法：左手反手，手套掌心对着来球，五指朝右；球进手套的瞬间，注意缓冲，夹紧球；然后顺势收手，左转手套，使球在手套掌心的上面；在比赛中，若是离地面较近的平直球，接住后要向裁判员示意。

④注意点：要勇敢、果断、决不犹豫、眼睛始终盯住球；重心要低，这有利于蹬地；右手要半握拳。

（6）左扑接球（图 3–20）

①特点：来球速度快，远离身体左侧，双脚不蹬离地面已来不及接球。内外场手常采用此技术接远离自己身体的平直球、空中球或地滚球。

②接球点：离身体左侧 2 米左右的空中球或地滚球，接球点和左脚蹬地点的距离至少和充分伸展的身体等同。

③手法：左手手套掌心对着来球，五指朝左，球进手套要夹紧球。若是贴地的空中球，接住球后要上提手套，示意是在空中接住的；右手自然弯曲于体侧，半握拳。

④步法：左脚先向左转，重心过渡到左脚，同时两脚用力左蹬（向来球方向）；若来球确实很远，右脚可向左前交叉一步再两脚蹬离地面。

⑤身体姿势：身体左转，身体左侧对着地面（也可身体正面对着地面），充分伸展身体，左侧落地顺序为小腿、大腿、腰、腋侧。

图 3–20 左扑接球

（五）接球应注意的问题

①接球前的移动或跑动路线主要取决于个人的移动能力、判断能力，以及来球速度、方向、角度和距离。一般来说：接慢速球应主动迎上前，直线向着来球跑动；接中速球应侧移动接；接快速球应后移动弧形接。

②无论接何种球，应尽量对正球，移动先快后慢。

③三垒手防触击的移动路线应先靠着三垒边线跑动，这有利于快速传杀。

④垒上有人时，一垒手防触击的跑动路线同三垒手方法。

⑤接球时，最好脚先到位，手才到。

⑥棒球初学者，应先学接球，再学传球，原因是：第一，传球技术较易学，接球技术较复杂；第二，从安全角度考虑，若接球技术不正确则易导致受伤（如伤指、中身、中面）。

⑦不断提高反应能力、判断能力，做到球一击出或一传出就能正确判断球的路线和落点，并采取最快动作，以最短的路线去接球和处理局面。

二、传球

传球是棒球比赛防守中最重要的技术，是参与防守的相关队员之间战术连接的最主要手段，传球的速度和准确性直接关系到防守的成功与失败。

传球技术包括上手传球、侧手传球、下手传球、正手抛球和反手抛球，使用最多的是上手传球。

（一）握球方法（图 3–21）

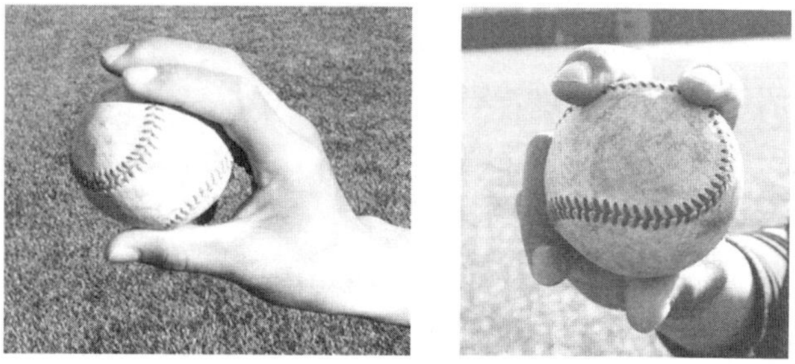

图 3–21　握球方法

握球是传球前的开始动作，握球动作关系到能否把球传好、传准，传球是否有力。接球时食指和中指自然分开，两手指的第一指节前部要压在球缝处，小指和无名指自然弯曲放在球的下面，拇指第一关节的内侧卡在球的纵向圆周线上，食指和中指从球的上面放在圆周线的两侧，中间应可以轻松放入一根手指，虎口处留出一小空隙，不要紧贴在球上。不要把球握得太紧，要放松些。

（二）传球姿势

1. 准备姿势（图 3–22）

面对传球目标站立，两脚开立与肩同宽，双膝微屈，脚尖向前或稍内扣，双眼正视传球目标。

图 3–22　准备姿势

2. 起动动作（图 3–23）

双眼注视传球方向，两脚前后分开，双膝微屈内扣，前导臂指向传球目标，持球臂抬起与肩成 90° 位置准备出球。

图 3–23　起动动作

3. 传球动作（图 3–24）

身体重心前移，伸踏脚落地的同时转髋转体，前导臂迅速向腰侧收回，持球手臂向传球方向做鞭打传球动作。

图 3–24　传球动作

4. 传球后随挥（图 3–25）

传球臂随摆摆向异侧腿的膝部，上身自然前倾，两眼注视传球目标。支撑脚随着传球动作自然抬起和落地，两脚左右开立，同准备接球姿势。

（三）传球技术规范

1. 肩上传球

①接球后右脚立即向前垫步，左脚、左肩对准传球方向，右腿微屈，重心在右脚上。

②接到球的同时，立即取球，右臂后摆引球时，肩肘向后拉开，肘与肩同高，右手持球于肩上，手腕前屈，掌心向外肩拉开，整个右臂关节要放松，双眼注视传球目标。

图 3–25　传球后随挥

③左脚向传球方向伸踏，左脚落点处在传球目标和右脚之间的连线上。落地的动作要柔，膝关节不要伸直，先用大脚趾一侧触地，再过渡到全脚掌着地。上体要保持正直，然后右脚向后蹬踏并推动臀部前移，髋关节前送时，要边送边向传球方向扭转，并带动躯干向左扭转，右脚立即向后蹬伸—转髋—送髋—转腰—转体—稍挺胸。

④左手自然弯曲置于胸前，手套朝下。

⑤右臂传球动作开始时，肘领先于手腕，这时，持球手要放松地向上翻掌，并使手腕变为后屈，右肩下压时，左肩要有固定在原位的感觉，这样就能使右肩用力过程中产生支撑作用，同时左臂弯曲固定在身体的左侧腰部，而不要故意向后甩动。右肩做前送和下压动作，右肩向传球方向下压时，要用右臂带动右肘向传球方向前移（肩领先于肘和手），右肘前移时，腕关节不要用力。当右肩下压并对准传球目标

的一瞬间，右臂立刻与地面成250° 的方向做抽鞭似的急摆动作，将球传出。

⑥球出手前一瞬间，手腕要尽量放松，这样能使鞭打动作更为有力。当手指指向传球目标以前的瞬间，首先，要将球向前推送一段；其次，用力向下拨球的线缝，两指拨球的力量要均匀；最后，球从中指切线方向出手，出手前，肘部至少与肩同高。

⑦球出手后，躯干和右肩各关节要充分伸展，右手要随球出手的方向报到左膝的外侧。球出手的位置应在身体前面和右额的斜上方，出手的位置不要随意改动，这时右脚跟离地外转留在体后，左臂屈肘后引，手套贴于左腰上。

⑧左脚落地的同时身体重心随髋关节的前送移到左腿，右手臂垂直地面随摆，左手手套贴在左胸处，同时右肩对准传球方向，随即进入防守姿势。

2. 侧手传球（图 3–26）

图 3–26　侧手传球

接到球后，不要起身，保持低重心，右臂前摆时，右脚向后蹬伸，左脚顺势向传球方向迈出半步，右脚蹬地—转髋—送髋—转腰—转体—转肩—带动肘—甩臂—送腕把球传出去。同时身体重心移至左脚，肘关节快速向前送出带动前臂快速前摆。这时手腕后屈，掌心向外持球，当右手摆至身体右前方时，手腕和手指模仿抽鞭动作将球甩向传球方向，球出手后，右臂继续随球出手方向随摆。

注意点：

①重心要由右腿移至左腿。

②传球动作简练，动作不能大。

3. 下手传球（图 3–27）

①接球后，两眼立即注视传球目标。

②左肩对准传球方向。上体保持前俯的接球姿势，重心不能起伏，保持平稳。右臂后摆引球，前臂向后拉开，同时右肘向后抬高，掌心向下，手腕放松，左手自然屈于胸前，右臂前摆时，手腕后屈，肘关节先向前摆，带动前臂和手腕模仿抽鞭

动作把球传向目标。

③球出手时，球从左膝关节的右前方脱手，右臂随球出手的方向跟进，左脚一般不做伸踏动作，右脚向右迈出一步，以维持身体平衡。

④接球点最好在右脚前方，出手点在左膝处。

图 3-27　下手传球

注意点：

（1）重心不要起伏。

（2）左脚不做伸踏动作。

（3）右手臂不要后摆过大，动作简练、快速、干脆。

（4）转髋要及时。

4. 正手抛球（图 3-28）

图 3-28　正手抛球

①以全掌握球，目的是不让球旋转。

②接球后顺势跑几步，两手立即分开。

③上体对准传球目标，右手臂引球于体侧。

④右臂贴近体侧，直臂由后经下向目标前摆，动作柔和、轻巧，以便缓冲球速。

⑤当右臂摆至即将指向目标时，要保持舒展姿势，然后松开手指把球抛出，球未出手前不要屈肘和屈腕。

⑥抛球时手腕放松，掌心向前。

⑦球出手后，右腿顺势往前跟。

注意点：

①球出手时，不要屈肘、屈腕和勾指，手指要有下沉的感觉。

②不要原地静止抛球。

③球和手套分开，以便于接球者观察抛球的动作。

图 3-29　反手抛球

5. 反手抛球（图 3-29）

右手持球于左膝，肘屈于体前，掌心向下，全掌握球。抛球时，双眼注视目标，手腕放松，右臂由下经体前直臂向目标摆出，当右臂摆至即将指向目标时，松开手指用手腕而不用手指的力量将球送出，同时身体重心移至右脚。

（四）传球训练方法

1. 原地徒手传球练习

学生分两排相距 5 米面对面站立，按“一准备，二转体，三甩臂”的口令依次分解动作练习，经过多次分解动作的练习后，把整个传球动作连贯起来做，逐渐加快，最后达到正常传球动作的速度。

2. 传球接力练习

学生分两路纵队平行站立，前后间隔 5 米，由每组的第一人持球，听口令后依次传给第二个、第三个……直到传给每组的最后一个人后再依次传回来到第一个人，看哪一组先完成。

3. 传准练习

学生距墙或挡网 15~20 米处成纵队站立，从排头开始每人依次将球传向墙或挡网上的标志物，每人传 3~5 次后返回至排尾处。

第二节　投　手

投手是一个队的灵魂，培养出好的投手群，就等于队伍成功了一半。当两个队的综合水平接近时，投手可起 80% 的作用；当两个队的击球水平相差较远时，投手可起 90% 的作用。在比赛中，只有投手可直接控制和削弱进攻队的击球能力，减轻本队的防守负担，增加本队制胜的可能性，否则会增加失败的可能性。一个队里，仅有一两个好的投手是不够的，必须有特点不同的投手才能在整个联赛或赛季中提高赢球率。

一、投手的任务和要求

（一）投球

投手的第一要务是投好球，这是和其他防守队员的根本区别。棒球比赛的每一个攻守行为（除了盗垒）都是从投手投球开始的，而且只有投手可以主动、直接地控制击球员，配好球，可增加本队的赢球机会。

（二）防守

投手投球后即成为防守队员，应随时做好接球、传杀、补位、补垒、夹杀、接力、拦接、封杀、触杀等的防守行为。投球好而防守能力差者，不能称其为优秀投手。

（三）牵制球

垒上有人时要运用好牵制球，主要任务是牵制跑垒员的离垒距离，牵杀离垒过多的跑垒员。牵杀一定要有信号配合，动作要隐蔽、果断、正确，防止犯规。尤其要抓住跑垒员的离垒重心或二垒跑垒员和游击手、投手在同一条直线上的瞬间传杀。

（四）做好全场防守系统的调动和协助指挥工作

由于投手在内场的中心和最高处，因此，球被击出来后，一定要协助接手做好全场的调动工作，指挥队员的移动、传杀方向和拦接，当然自己也要做好补漏、补垒、接力等准备。投球好而指挥意识差者，也不能成为优秀投手。

（五）协助接手把球配好

由于接手面向全场，纵观全局，又离击球员最近（对击球员特长、弱点一目了然），故投什么球一般都由接手发暗号，但投手当时的投球状态、信心只有投手自己最清楚，因此，投手有时也可以反馈投球信号给接手，决定投何种球。

好的投手总的技术风格应是“快、准、变”。随时了解场上的情况：几人出局、几垒有人、跑垒员是谁、比赛第几局、比分多少、击球员第几棒、下一棒是谁、接住球往哪里传、无球如何补垒和补漏；击球员的安打点和弱点，要了解本队各队员的防守能力及优缺点；对自己的目前状态要了解，要留意队友的防守位置是否正确等，知己知彼，才能百战百胜。善于从每投一球、每击一球、每投一局、每投一轮、每投一场比赛中，总结出对方的进攻和击球规律，以便不断地改进投球技巧，丰富自己的战术意识。

二、投手投球技术

投球技术分为上投法（3/4 投法）、侧投法（横投法）和下投法，其中上投法最常用。每种投法均分正面投法和侧身投法，均以右投为例。

（一）上投法（图 3–30）

①较常用，较符合人体投掷用力的发力过程。在技术动作发力、制球方面和斜上投法差不多。

②易发力、易出球速、易控点，通过“好球部位”的范围最广，更重要的一点是手臂不易受伤。

③这种投法就是投球臂在投球出手时，肘关节不低于肩，前臂上举与上臂约成90° 夹角。出球点在身体前侧上方。

④对肩部的灵活性、柔韧性要求更高。

上投法这是初学者最基本、最重要的投法，学习并掌握此投法的技术原理，就会举一反三。

图 3–30　上投法

（二）侧投法（图 3–31）

1. 特点

①侧投法的发力和制球都不如上投法，特别是左右两侧的球不易控制。

②球线路较平、立体感差，易被击出。

③内外曲线变化球易投出，但其他威胁性较大的变化球不易投出，即使投出也较易被击出。

④侧投法对肩部、肘部、腰部的负担较重，易导致受伤（主要靠躯体侧面启动发力，身体侧肌不结实则易受伤）。因此少儿运动员应少采用侧投法。

⑤眼睛侧看投球目标，因此投球准确性较差。

⑥投球臂在投球出手时向体侧平伸，肘关节和腕关节与肩平齐或略低于肩，握球手的手指朝向体侧，出球点在身体侧前方。

2. 技术要点（主要介绍与上投法的不同之处）

①在提腿、转体以后，身体降低重心的同时，上体稍前倒。

②合掌降落至大腿处开始分手，分手要前后分手，即持球臂要往背后下方伸臂提肘，手背朝下，球朝上，左手臂在体前自然前伸，从而保持身体平衡。

③伸踏脚脚跟内侧先着地。

④球出手时，投球臂和右肩齐平或略低于肩。

⑤出手点在身体侧前方。

⑥投球臂的随摆基本与地面平行。

⑦轴心脚的蹬地方向应向左，并向左画一小弧。

图 3–31　侧投法

（三）下投法（图 3-32）

1. 特点

①在发力和控制球方面难度更大，尤其控低球较难，下坠球则更难。

②投球臂在投球出手时位于体侧下方，肘关节明显低于肩，前臂明显低于上臂，握球手的手指朝下，出球点在体侧前下方，上身稍右倒，略收腹。

③球路由下至上，球投得好则易破坏击球员的视感，达到削弱击球能力的目的。

④下投法对肩部、肘部、腰部的负担更重，更易导致受伤。因此少儿运动员最好不采用此投法。

2. 技术要点（主要介绍与上投法的不同之处）

①在提腿、转体以后，身体降低重心更大，上体前倾，几乎与地面平行。

②合掌降低至膝关节处分手，后分手，由手背后朝下，球朝上；左手臂在体前自然向下前伸，从而保持身体重心的平稳。

③伸踏脚脚跟内侧先着地。

④球出手时，投球臂的肘关节低于肩，前臂低于上臂。

图 3-32　下投法

⑤出手点在体侧下方，投球臂的随摆由下而上。

⑥轴心脚的蹬地方应向左，并向左画弧，这有利于躯体侧面启动发力。

⑦注意下手投法不是从身体的下方投出去的，而是从斜下方投出去的（图 3-32）。

三、变化球的投法（以斜上右投右击为例）

无论投手的球速多快，若只会投一种快速直线球，是绝对不能有效地抑制击球员的，因此必须至少掌握一种变化球（即绝招），才能更有效地削弱击球员的击球能力。

少儿期因未完全发育，最好先掌握一种直线快球投法，待进入青少年期，再开始学 1~2 种变化球投法。

变化球概念不能从狭义上去理解，应从广义上全面地去理解和认识，即变化球包括球路的变化、球旋向的变化、出球角度的变化、出手点的变化、投点的变化、球速的变化，以及配球的变化（即纵、横、交叉、X 型时间差的配球）。

变化球包括快球、上升球、下坠球、外曲下坠球、内曲上升球、滑球、纯外曲线球、纯内曲线球、变速球、指叉球等。下面将对以上变化球进行逐一讲解。

（一）快球

1. 特点

①球的旋转中轴为横轴（左右轴），属动态轴，旋转方向是顺时针，球对着本垒板时自下而上旋转。球的轨迹是自上而下，若球旋转得快，到达本垒有上升轨迹。

②球到本垒板的旋转圈数是：二缝快球平均每秒 14 转，四缝快球平均每秒 16 转。

③球的旋转圈数越多，球上升的机会和幅度则越大。

④初学者应先学直线快球，以投准为主（即投好球区的面）；熟练后再开始学投点。

⑤二缝快球比四缝快球的速度快，因前者二缝转动空气摩擦力较小；但后者是四缝旋转，圈数多，摩擦力较大，上升机会比前者大。

2. 握法

快球的握法有二线缝和四线缝两种。前者用中指、食指的第一指节肚贴在线缝中的上面一条线缝上，两指相距一指左右；无名指托住球的右侧下方，拇指内侧托住球的下方正中。后者握法是把食指和中指的第一指节肚贴在线缝最宽处，两指相距一指左右；无名指托住球的右侧下方，拇指内侧托住球的下方线缝正中；中指、食指、拇指的握点呈倒等边三角形；虎口和球之间留有空隙，相距一指左右（图 3–33）。

图 3–33 快球的握法

3. 投法

①因投球最后用力的结束最终要靠臂的鞭打，手腕、手指的用力去完成，故其用力方式非常重要。

②手腕：扣腕之前掌心要后压，这有利于扣腕的用力距离，达到加快球速的目的。

③手指：用拨指方式。当扣腕的腕部与前臂成一条直线时，要快速拨指，球最后从中指的指尖出手。这有利于增加手指与球体的摩擦，加快球体的旋转，提高球速和自然上升的机会。

4. 运用

直线快球无论在哪一个级别的比赛中，都具有最高的使用频率，其球速快，易于控制目标，少年及以上的比赛，主要用在“投点”的战术上，因击球员对不同的投球点有不同的反应，故每个击球员均有自己的弱击球点。如持棒水平的击球员往往击不好低球；持棒垂直的击球员往往击不好高球；伸踏过大的击球员往往击不好高球；击球不转腰的击球员往往击不好内角球等。因此，灵活运用“投点”战术（尤其是两低球、高叉配球），才能最有效地抑制击球员的能力发挥。投直线坏球的战术多用于击领先球、试探球、抢分触击、牺牲触击、接手传杀盗垒者、遇强棒等。

5. 注意点

投直线快球时，握球不必过紧，虎口和球一定要留有空隙，否则影响手腕、手指的发力。

（二）上升球

1. 特点

①自然上升球的握法、投法和直线快球完全一样。扣腕、拨指运用得好，球旋转速度快，球自然会上升。

②少儿期较难投出自然上升球，主要是爆发力较弱，球速慢。

③运用下投法、侧投法的投手，较易投出上升球。

④上升球的旋转圈数为平均每秒 29.9 转。

⑤少儿期不宜采用下投法或侧投法投上升球。

2. 握法

二指握法：中指和食指的第一指节肚贴在线缝的上沿，中指贴在“[”形线缝的较窄处，两指相距较小。拇指和无名指托住球两侧下方的线缝处，虎口和球的空隙很小或没有（图 3–34）。

3. 投法

由于球和虎口的间隙较小，故扣腕的作用较小，主要是靠手指的拨指力量使球产生强烈的旋转速度，达到球上升的目的。

4. 运用

在二人出局、触击、下棒慢、伸踏大、垂直持棒、上挑击球等情况下，可采用上升球投法。

图 3–34　二指握法

（三）下坠球

1. 特点

①球的旋转中轴为横轴（左右轴），属动态轴，旋转方向是逆时针，球对着本垒板时自上而下旋转。

②球的轨迹是自上而下，呈弧形。

③球到本垒板的旋转圈数是：二缝下坠球平均每秒 21 转，四缝下坠球平均每秒 24 转。球的旋转圈转越多，下坠的突然性和幅度则越大。

④二缝下坠球比四缝下坠球的速度稍快，是因为前者的空气摩擦力相对小些，但后者的旋转圈数多，下坠的程度相对较大。

2. 握法

①中指指侧压球体的上方线缝，中食和食指相隔一指或两指相贴并列。拇指内侧托住球下方线缝，无名指托住球右侧下方。

②中指、食指、拇指相互平行，中指和拇指接触线缝越多越好。

③虎口和球之间留有一指空隙，这有利于拧转手指。

④其握法和投外曲下坠球的握法相同，但出手方法不同。

3. 投法

①当投球臂引球使上臂与肩齐平，前臂和上臂接近 90° 时，持球手腕自然内转，使握球手与前臂呈 90° ，球朝下，手背朝上。

②球出手时，前臂和手腕要外翻（注意肘部微屈），中指、食指要用力向下拧转球，拇指用力向上拧转球，使球产生强烈旋转。球从虎口处出手。

③球出手后，立即做收手胸前、收腹、提臂动作。

4. 注意点

①投直线快球的随摆动作是向左侧下方随挥，而投下坠球的随摆动作是向胸前收手，犹如在体前画半个弧。

②为了提高出手点，使下坠的程度更大，伸踏步幅应比投直线快球少 1~3 个脚掌的距离。

③由于步幅较短，因此身体重心不能前移过大。

④食指、中指、拇指要有明显的打圈拧转动作，以增加球体旋转速度。

⑤左肩朝下，有助于右肘部上提（肘部不能低于肩或与肩齐平）。

（四）外曲下坠球

1. 特点

①球的旋转中轴为西北指向，属动态轴。四线缝转动，旋转方向是逆时针。球的轨迹是由右上到本垒外曲下，立体感强，对击球员的威胁较大。

②球旋转速度快时，离本垒板 1~2 米处突然向外下坠，使击球员防不胜防。

③斜上投法最容易投，且不会伤害肩部和肘部。

2. 握法（图 3–35）

①外曲下坠球的握法与投纯下坠球的握法相同，还有一种稍改变的握法是：食指外侧贴在线缝的右内侧，中指内侧贴在线缝的右外侧，两指相贴或间隔一指皆可。

②食指、中指握在球体右侧，拇指贴在反面的缝合处，无名指托住球的右下方。虎口与球留有一指间隙。

图 3–35　外曲下坠球握法

3. 投法

投球动作和投直球一样，只是出手动作不同。在球离手的瞬间，手腕往左边急速扭转，略带塞入的手势而放开，同时食指右侧要有压缝出球的感觉。

4. 注意点

①一定要用手腕的扭转带动手指的旋转。

②球出手时肘部稍屈。

5. 运用

由于斜上投法最容易投出外曲下坠球，动作自然，不易受伤且威胁性大，故少年及以上投手可多配此种球。在垒上无人、不了解对方击球特点、开放式击球、心理素质较差或反应慢的击球员、重心较高等情况下，可配外曲下坠球。但三垒有人时，要少配外曲下坠球，以防止接手漏接。

（五）内曲上升球

1. 特点

①在高水平的比赛或职业棒球界不受打击者欢迎，是一种很有效的变化球。

②与外曲下坠的球路相反。

③球的旋转中轴为东北指向，属动态轴。四线缝转动，旋转方向是顺时针。

④球的轨迹由左上到本垒处上升。

⑤左投者投出来时，会产生如右投者投出的内曲上升球同样的效果。

⑥左投者比较容易投出内曲上升球。

2. 握法

①中指左侧贴在左线缝的内沿，食指和中指并列相贴或相距一指，拇指内缘贴在球体右侧下方的线缝上，无名指托住球的右侧上方。

②中指、食指要按在球体左上侧，拇指按在球底部中心略偏右侧。与外曲下坠的握法相反。

3. 投法

①出球时要扣腕，向左下侧加压，使手背最终向着地面。同时，中指左侧要有压缝的感觉，拇指向右侧用力旋转球，使球从中指、无名指、拇指之间投出。

②为了使投出的球更有效，腰部和上体转动要大一点，手臂的挥动和鞭打稍晚一点。

③伸踏步幅和移动重心相对投直球小一点，可运用提臂动作提高身体重心和出手点。

4. 注意点

①球路是内曲上升，为防止击中击球员，要根据球的变化幅度调整自己的出手点。

②外曲下坠与内曲上升球投法不应同时教学。

5. 运用

在试探球、打触击、击球不转腰、X 型配球、击领先球、挥棒慢、心理素质差等情况下可考虑配内曲上升球。在三垒有人或垒上有人遇强棒时，要少配此种球。前者的目的是防止投球中身，三垒跑者不分，造成多人下分；后者的目的是防止多垒打。

（六）滑球

1. 特点

①滑球的旋转圈数为平均每秒 28 转。

②滑球和外曲下坠球球路相似，所不同的是离本垒板前 1 米左右不会下坠，而是横着滑过去。

③球的旋转中轴为前后横轴，旋转方向是顺时针。球的轨迹是自上而下，接近本垒板时，突然向左横滑。

④投球时所对准的目标是外角偏低的路线。内角的滑球是不必要的，因为易投中击球员。

⑤用斜上投法较易投出滑球，符合人体用力结构，腕、肩、肘不易受伤。

2. 握法

①中指外侧贴在球体右线缝内缘，食指和中指相靠并列，两指要压在球体中心上方右侧；拇指内缘托住球体底部，略偏右侧，不要贴在线缝上；无名指托住球体右侧下方。

②中指和食指的握点与拇指握点的连线呈倒等腰三角形。

③虎口和球之间留有一指空隙。

3. 投法

投出的瞬间中指要加压力，和投直球的方法相似，除了扣腕外，出球时务必中指要加压力，拇指自然向左上侧拨转。

4. 注意点

①投滑球时，切忌扭转手腕。

②对付右击者，可多采用滑球战术；对付左击者，则不宜用，以免投球中身。

5. 运用

在击领先球、开放式击球、下砍或上挑式击球、X 型或横向配球、垒上无人等情况下，多采用滑球。

（七）纯外曲线球（以右投为例）

1. 特点

①适合体侧投法的投手采用。

②球的轨迹是由右向左，球路较平，立体视差小，易击中。

③球的旋转中轴为纵轴（上下轴），旋转方向是逆时针（俯视）。

④球的旋转圈数为平均每秒 31.2 转。

2. 握法

和外曲下坠的握法完全一致。

3. 投法

①要在一个垂直地面的平面上用力扭转手腕并拨转中指和拇指，使球产生强烈的旋转。

②其余投法和体侧投球要领相同。

（八）纯内曲线球（以右投为例）

1. 特点

①适合体侧投法的投手采用。

②球的轨迹是由左侧滑行变向右侧，球路较平，立体视差小，易击中。

③球的旋转中轴为纵轴，旋转方向是顺时针（俯视）。

④球的旋转圈数为平均每秒 32.2 转。

2. 握法

和外曲下坠的握法相似。

3. 投法

①要在一个垂直地面的平面上用力扭转手腕并拨转中指和拇指，使球体产生强烈旋转。

②转腰和转上体幅度要大一点，鞭打出手动作要晚一点，这有利于用力旋转球体。

（九）变速球

1. 特点

①速度比直线快球慢，也称慢球。

②易扰乱击球员的下棒时间和挥棒速度。有三种情形：一是当球到达本垒板前，

下棒过早，造成挥空棒，但棒速不变；二是重心过早前移到左腿，脚跟浮起，造成击球重心不稳，挥棒速度慢；三是因过早下棒，中途停顿，再挥棒，造成挥棒速度慢，即使中球，也易被杀出局。

③球的旋转速度慢，旋转中轴为左右轴（横轴），旋转方向是顺时针。

④因球失速，到达本垒板前1~2米受球重力的影响而突然下坠。

⑤变速球有时间差的特征，是对付强打者或急于挥棒者的有力武器。

2. 握法

和直球的握法相似，不同之处是第一指节（中指、食指）要浮起，虎口和球之间没有空隙。

3. 投法

手腕不能扣腕和扭转，要保持笔直。球出手时，主要靠中指、食指的第二、三指节推出（即把球放出去），注意不要拨指。随摆动作要小或和投直球的随摆一样。

4. 注意点

①变速球比直线快球最好慢0.2秒左右。球速太慢易被击球员识破，太接近快球则不易破坏击球员的挥棒节奏。

②变速球尽量控低点，若投高就失去意义。

③不要连续投变速球。

5. 运用

①多和快球交叉使用。

②在对付强击者、二人出局、击快球等情况下，可考虑配变速球。

③在对方有明显偷垒企图、试探球、弱击者、二人出局以前三垒有人、有明显打触击企图等情况下，少配变速球。

（十）指叉球

1. 特点

①比直线快球慢，也称慢球。

②指叉球曾被当作“魔球”，是一种效果很大的变化球，相信今后会被广为使用。

③英文名为forkball，是由于握法很像用餐时的叉子而得名。

④球的旋转速度慢，旋转中轴为左右轴（横轴），旋转方向是逆时针（与变速球相反），掉落方式和变速球相同，会在打者前面突然下坠（因球失速，受地心引力影响）。

⑤因指叉球有时间差特征，是对付强打者或急于挥棒者的有力武器。

2. 握法

①中指和食指分开夹住球体“U”形线缝的两侧，呈“V”字形。两指第一指节弯曲下沉，拇指和无名指托住球体底部。

②中指和食指的力度要一致、平均。虎口和球之间留有空隙。

3. 投法

①以斜上投法来使手腕僵硬，在球将离开的瞬间中指、食指增加压力，手腕保持笔直，绝不能扣腕或扭转。

②必须以肩部为轴转动手臂。若以肘部为轴来挥臂，则肘部易受伤。

4. 注意点

同变速球。

5. 运用

同变速球。

四、投手传各垒牵制球的方法（以右投为例）

投手传各垒牵制球的主要任务是使跑垒员少离垒，故传球球速不要太快。若跑垒员离垒过多，要快速传杀出局，务必通过暗号进行联系（在一垒或二垒有人时）。

无论向何垒传牵制球，投手均有四种基本的传牵制球时机：①双手合手后静止一秒或几秒出手；②双手侧上举，在下放过程中，未合掌就传球；③双手未举，就直接传；④多垒有人时，先撤板或不撤板的先假后真传球。

注意投手传牵制球的时机和不应有规律的一些小特征（如转头次数、静止时间等），绝不能让跑垒员知道。

跑垒员判断投手传牵制球时可以从以下几个动作进行：轴心脚的脚跟是否抬起、伸踏脚的指向、伸踏腿是否和投手板或轴心腿交叉。

（一）传一垒牵制球

1. 动作顺序

第一步：踏板、看暗号、侧身站立、合掌或不合掌。

①先踏板后看配球暗号。

②侧身站立时，两脚开立应与肩同宽，不能过大或过小。开立过大，则不利于传牵制球；开立过小，则投球动作会过大。左脚和左肩稍偏向左一点，便于观察一

垒跑垒员离垒情况。

③若合掌，至少静止一秒才能传球。合掌静止位置最好在胸前，这有利于快速出球。

④若不合掌，最好右手持球，这有利于随时传球；若球放在手套里不合掌，易被跑垒员盗垒，原因是当发现盗垒、右手去取球时，必须静止一秒才能传球（遇到这种情况，最好马上撤板，这样可以随时取球和传球）。

第二步：两肩不动、转动头、撤板或不撤板。

①观察跑垒员时，两肩不能动，只许左右转动头部。为便于观察跑垒员，下颌最好贴近左肩或右肩的锁骨，用余光观察，若动肩，则球必须出手。

②若撤板，轴心脚向板后撤，这时投手自动变为守场员，球可传或不传。撤板时可分手或不分手，但撤板后不能马上踏板投球（属投机取巧）；若撤板时不分手，重新踏板时要先分手再上板。

③若不撤板传球，则球必须向一垒上传出，球不出手或不向一垒包上传则判投手犯规。遇到一垒手不在垒包上时，可把球传高一点，这样守场员有时间回垒接球。

第三步：提右脚跟、转左腿、转体、传球。

①球出手前，要先提轴心脚的脚跟，这有利于转体传球（否则易伤肩且传不准球）。

②务必转左腿指向一垒，继而转体把球传出。

③若以牵制为目的，左腿转动可慢一点，传球动作和球速也要慢一点，目的有两个，一是不易传球失误，二是可为投手松弛一下动作，调整心境。

④若以传杀为目的，转动左腿、传球动作和球速均要快，出手动作要简练。若传球基本功扎实，可从胸前合掌位置直接侧手传杀一垒跑垒员。

⑤左腿转向一垒时，左脚的落地点要在投手板与一垒连线的45° 内。若是左投手，伸踏腿抬起要慢，两眼盯本垒，用左眼余光观察跑垒员。若跑垒员离垒少，则立刻投球；若跑垒员离垒多，则快速传杀一垒。

2. 注意点

①双手在胸前静止的同时必须合掌。原因是一垒跑垒员看不见投手是合掌还是分手。否则判投手犯规。

②在腰间合掌后不能继续往下放然后分手，否则判犯规。原因是合手和分手都在自上而下的动作中进行。

③美国职业队的投手在侧投双手握球置于胸前时并不静止一秒，他们认为两手

平面拉开就算停顿，因为从合手到分手方向有改变，不应判犯规。

（二）传二垒牵制球

传二垒牵制球的动作顺序和传一垒基本相同，下面介绍主要的动作要领。

1. 跳传

①两脚同时蹬地跳起，右转体并分手。把球直接引到右耳旁，这有利于随时出手。

②两脚跨板落地并同时出手。

③跳起不能太高，分手不能太大。

2. 不撤板传

①提起轴心脚跟，右转体分手。

②伸踏腿抬起并向二垒伸踏，然后将球传出。

③若以传杀为目的，两脚开立小于肩宽；左转体要快，伸踏腿要快速指向二垒（抬起幅度要小），传杀动作要简练（分手时，球最好直接引到右耳旁），可用上手或侧手将球传出。

3. 撤板传

轴心脚必须向板后撤，然后左转体分手，将球传出。

注意点：

①牵制球（包括撤板或不撤板），球不一定要传出，可以假传。

②若球出手，务必向二垒包上传。

③若以传杀为目的，最好预先有暗号联系。

④若二垒跑垒员离垒不多，可待游击手或二垒手回到防守位置时再投球。

⑤跳传二垒牵制球动作。

⑥不撤板传二垒牵制球动作。

（三）传三垒牵制球

动作顺序和传一垒基本相同，下面介绍主要的动作要领。

1. 不撤板传

①伸踏腿的膝关节缓慢抬起指向三垒，眼睛注视本垒。

②当左膝抬到与肚脐相平时，臂部稍前顶并向三垒伸踏，同时，眼睛转向三垒，迅速分手传球。

③因投手面向三垒，传球速度可快一点，传球动作要简练。

注意点：

为便于传杀跑垒员，伸踏脚的落地点最好在落地脚与轴心脚的连线上（45° 的连线上）。若以投球为目的，眼睛要注视三垒，便于观察三垒跑垒员（一般三垒跑垒员不敢多离垒）。

2. 撤板传

①轴心脚向板后撤，身体右转，伸踏脚指向三垒伸踏，同时分手向三垒传球。

②由于撤板后，属守场员，根据跑者离垒情况，传球动作可大可小，球速可慢可快。

注意点：

①无论采取撤板还是不撤板，球都不一定要出手，即球可传出或不传出，也可以假传。

②若不撤板，伸踏脚已和投手板或轴心腿交叉，必须向本垒投球。

③若撤板，则不允许向本垒投球；但如果这时跑者已冲向本垒，则可向本垒传球，这时击球员不许击球，否则判击球员妨碍，跑垒员出局。

（四）多垒有人时应注意的问题

多垒有人是指一、三垒有人，一、二垒有人，二、三垒有人或满垒时的局面。

1. 不撤板的先假后真牵制球

①先向前位跑垒员的垒位伸踏和假传，然后突然向后位跑垒员真传。

②由于不撤板，无论是假传还是真传，伸踏脚均要先指向所传的垒位。

③假传动作要缓慢一点，目的是使前位跑垒员回垒，后位跑垒员有时间多离垒；真传动作则要快，这有利于把后位跑垒员杀出局。

注意点：

①由于不撤板，绝不能先向一垒假传，否则判投手犯规。

②有跑垒员的垒位守场员，应注意回垒。

③若伸踏脚不指向一垒，可向有跑垒员的垒位连续假传（即球不出手），但伸踏脚必须先指向垒位。

2. 撤板的先假后真牵制球

①由于撤板，属于守场员，向任何垒位真传、假传均可，但不能向无跑垒员的垒位传球。

②伸踏脚不必先指向垒位。

③轴心脚要向后撤板，撤板后不能向击球员投球（除非三垒跑垒员已向本垒冲）。一、三垒有人假传三真传一的牵制动作。注意伸踏脚指向一垒才能传（不撤板）。

第三节 接 手

在九位守场员中，只有接手的位置在击球员的后方，面向全场，他是最能了解击球员、跑垒员、防守阵型的守场员。因此必须具备支配全队防守意识的能力，指挥调度场上防守的其他队员。因此，接手是防守时最活跃的，也是一个队防守的灵魂人物。接手是整个团队的思考机构和决策中心，遇到关键局面或危急时刻，他会先走上前和投手交谈或叫暂停，酝酿对策，然后再下配球决定，并调整场上防守队员站位，这种决定关系到球赛的胜负。

接手侧视时可以接收到队员席内教练员的暗号，并且通过暗号将信息传递给场上防守队员。可以观察解读对方三垒指导区教练员的暗号，了解对方进攻时的战术意图，及时反映给场上防守队员，做好应对的准备。

一、接手的任务和要求

（一）任务

①熟悉投手的心理、身体状态，技术特点，体能状况及其他方面的优缺点。

②根据击球员的优缺点、局面情形、投手的临场状况、比分等确定配球战术，并全力接好投手的每一个球。

③必须具备传杀垒上盗垒跑垒员的能力。

④指挥全场的防守活动，善于鼓动全场队员的斗志。

⑤善于预测和指挥场上防守队员处理出现的局面（如抢分、触击、跑而打等）。

（二）要求

人缘好、有主将风度、声音洪亮、体形粗壮、手臂爆发力好、步法灵敏、反应快、记忆力强、头脑灵活、善于打持久战、责任感强、组织及指挥能力强、意志坚强、斗志旺盛、吃苦耐劳。

二、接手的用具

因为手所处位置十分危险，所以防守时必须穿戴面罩、护喉、护裆、护胸、护腿、头盔和护耳。

三、接手的守备位置

接手在投手投球出手之前，只许在接手区内作守备姿势，接投手投球时，在不影响击球员击球的情况下，尽量靠近击球员。

四、接手的接球准备姿势

（一）垒上无人

垒上无人时，常见的有四种姿势。

1. 双腿全蹲

臀部坐在脚跟或靠近脚跟，双脚跟提起或不提起均可，右手放在背后（图 3-36）。

图 3-36　双腿全蹲

2. 单腿全蹲

臀部坐在一条腿的脚跟上，脚跟要提起；另一条腿弯曲成 90°，向左或向右打开（图 3-37）。

图 3-37　单腿全蹲

3. 双腿跪

双膝跪在地上，两膝距离与肩同宽，大小腿相靠或不相靠均可（图 3-38）。

图 3-38　双腿跪

4. 单腿跪

单膝跪地，大小腿相靠或不相靠均可，另一条腿弯曲成 90°，向左或右打开（图 3-39）。

图 3-39　单腿跪

注意点：

①垒上无人时，无论采取何种姿势，尽量平均分配体重，以求感到舒适轻松，保存体力。

②在击球员二击之后，要采取双腿半蹲姿势，防止三击不中漏接后击球员跑一垒。

③无论采取何种姿势，身体要始终面向投手，两眼注视来球，不要眨眼；左手掌张开稍翘起，使手套增大，增大投球目标；左臂屈，肘部自然下垂；右手可放在身后或右腿下面，防止被球打中。

④手套的最高点应在视线的下方。

⑤可根据配球的高低偏向或球变化方向适当调整姿势的高低或偏向，但要在投手出球时才调整。

（二）垒上有人

①捕手在投手球出手之前可采取舒适轻松的全蹲姿势。

②投手球即将出手时，捕手臀部渐抬起，大小腿弯曲成 90°，脚跟稍抬起，身体前倾，重心在前脚掌上。目的是接到球时，能快速做出准备传杀的步法，也有利于移动接各个方向的来球。

③两脚距离稍比肩宽，左脚稍前于右脚。

④右手半握拳，食指压在拇指上面，放在左手手套的后方，目的是防止手指受伤，也有利于快速取球和传杀。

⑤两臂微屈，两肘自然下垂。

五、接投手球方法

（一）垒上无人空中球接法（图 3–40）

①用手套的深处对正来球（无论是否挥棒），两眼始终注视来球，绝不眨眼。

②球进手套时应有清脆声音，这是由空气压力造成的。

③接球瞬间应有手肘稍向后收缩的动作，这有利于缓冲球速，防止掉球。

④在不妨碍击球的情况下，尽量靠近击球员接球，

图 3–40　垒上无人空中球接法

原因是接手接球的位置会对裁判员对于好坏球的判罚造成一定的影响。

⑤稍偏的坏球，可在接住球的瞬间移向好球带。即接高坏球时，手套自然下垂；接低坏球时，手套自然上提；接偏左坏球时，手套自然右转；接偏右坏球时，手套自然向左拉一点。

⑥接偏离较大的坏球，不能为了让裁判员视为好球而把手套大幅度移向好球带，这会影响裁判员的判决，应绝对避免。

⑦接变化球，接球点要尽量在好球带，并顺着球路缓冲；若球变化出好球带才接，则易被判为坏球。

⑧接慢球要有耐心，不能过早伸手接球，以免被球棒打中受伤和判“妨碍”。

（二）垒上有人空中球接法

基本和垒上无人的空中球接法相同，不同之处是接到球后，要立即做好防跑垒员盗垒或传杀垒上跑垒员的准备。

注意点：

①接球时，手肘不可伸得太开（易被棒打伤），也不可太过弯曲（没有缓冲余地，接球易机械、僵硬）。

②无论击球员是否挥棒，身体的正面要对准来球（这是最好的自我保护方式，因护具都是穿在身体的正面）；不要眨眼，手套对正来球，不受挥棒干扰。

③若投手暴投（如过高或偏左右过大），应尽量伸手套找球，以挡住球为主，若抬高身体或移动身体去接球，往往来不及，易漏接。

④偏右较大的来球应用反手接球方法。

⑤击球员击出擦棒球，不可转体或转头，避免因为侧身对身体或太阳穴造成伤害。

（三）接落地球的方法

1. 正面落地球接法（图 3-41）

①双膝跪地，两膝宽于肩，身体前倾，收腹、含胸、低头，双眼找球，手套五指朝下放在大腿内侧的空当处，两臂内收，右手掌放在手套的后面，以防受伤。

②身体正对来球，要有抱住球的感觉。

③关键在于挡住来球，而不是接住球。

图 3-41　正面落地接球法

2. 两侧落地球接法（图 3-42）

①左脚或右脚向来球方向跨出半步，并顺势下跪，单跪或双跪皆可。

②身体对正来球，手套放在大腿的空当处，身体前倾、含胸、低头、眼看球，以挡住来球为主。

③若投手暴投，落地点较远，在跪地同时，尽快伸手套找球，以挡住来球为主，若球偏右，则用反手接球方法挡住球。

图 3-42　两侧落地球接法

注意点：

①接反弹地球时，重心不要起伏，要平稳顺势跪地，以免膝盖受伤。

②无论是接何种落地球，均以挡住来球为主；身体正对来球，不能侧身挡球，否则球会改变方向。

③若来球是曲线球，落地后会改变方向，可用侧身挡球，否则会漏接球。

④配外角球时，右脚可向右调整 1~2 个脚掌；配内角球则相反，这有利于挡住较偏的落地球。

⑤最好能事先了解地面的反弹性质（即硬软度），这有利于掌握球的反弹情况。

六、接擦棒或高飞球的方法

接球点在眼睛前方，手套五指朝上并尽量张开，右手掌在手套前方，注意护球（图 3-43）。

图 3-43　接擦棒或高飞球方法

（一）直上直下高飞球接法

①接球时注意缓冲，快速取球。

②接球后尽量快速转向内场，有利于传杀垒上跑垒员。

注意点：

①尽量在上方接住球，不要用胸前的接球方法。因上方接球时，即使有小失误，还有第二次补救机会，若胸前接球则无机会补接。

②注意掌握擦棒球的旋转方向、路线、风向影响等因素。

③高飞球的方向一般由投手指挥（看投手的指向）。

④当高飞球出现时，要迅速脱去面罩，并快速找球、判断落点，待看清球后再把面罩丢在不妨碍接球的地方。

（二）前面高飞球或后面高飞球接法

注意特殊高飞球，球的运行轨迹会变，且球的旋转较快。因此，要注意转身对准来球方向，并双手牢牢接住球。

（三）变化高飞球接法

①面向来球，眼睛、手套和球处于同一条直线上。

②在迅速跑向球的落点时，不要一边跑一边两手前伸，以免影响跑速。

③接擦棒的小飞球，不要脱掉面罩，要根据棒声和经验迅速找球，若落点较远，则要勇敢扑接。

七、捕手处理触击球的方法

（一）捕手处理一垒方向的触击球（图 3-44）

①捕手迅速沿球滚动方向的左侧追球，跑动时重心要低，接近球时尽量使身体正面与一垒边线平行，当右脚落地点对正球时，两手像钳子一样（右手要主动把球往手套里扫去）把球夹起并快速取球。

②传球时，向一垒方向垫步（也可不垫步）。

③肩上传或侧传、下手传，要根据局面情况、距离的远近而定。

④尽量把球传向一垒的左侧，以避开击跑员。

图 3-44　捕手处理一垒方向的触击球

（二）捕手处理三垒方向的触击球

①捕手迅速沿球滚动方向的右侧追球，跑动时重心要低，接近球时尽量使身体的正面与三垒至本垒的边线平行，并以双手夹住球的方式捕捉球。右脚尽量打开，接球的同时上身转动，左脚向一垒方向迈出以加快传球动作。

②接住球后快速取球，左转体，向一垒方向垫步传球。

③传球方式为肩上传球。

④也可迅速沿球滚动方向的左侧追球，接近球时，面向内场，右转体，向一垒垫步传球。

八、处理漏接传本垒的方法

（一）跪接传球方法

①当球漏接到后挡网，要迅速转体追球，接近球的停点时，右膝顺势下跪，右手抓球，并迅速左转体将球传出。

②注意点：要向球的右侧追球，下跪点要在球停点的右侧，便于右抓球和转体，传球时重心要低，绝不能起立传。

（二）坐滑接传球方法

①一般球的停点离本垒不远时，可采用坐滑接传球方法，以争取时间传杀。

②向球的左侧追球，接近球时，顺势侧身坐滑并左转体成卧式或使双眼对着本垒，右手迅速抓球。

③传球方式为卧式传球，此方式难度较大，要经常练习。传球时，左手要撑地。

④也可向球的右侧追球，接近球时，顺势坐滑，右手迅速取球，然后左转体呈卧式将球传出。

九、接手向各垒传杀的方法（以右传为例）

（一）传球方法

①球进手套之前，臀部要逐渐抬起，重心压在前脚掌上，以便起动和争取时间。

②球一进手套，快速移步，右手迅速取球，直接引球到右耳旁，左臂自然屈于胸前，手套对着左肩。

③传球时，右肩向传球方向下压，关键在于手臂的鞭打和拨指。

④向一垒传，目标在垒包的左侧；向二垒传，目标在垒包的右侧；向三垒传，目标在垒包的右侧；若二垒或三垒有人，要传杀该垒的跑垒员，目标应在垒包的左侧。

（二）向各垒传杀的步法

1. 传杀一垒步法（图 3-45）

①接正中球的步法：直接右转体，使左肩对着一垒，右脚原地右转（不用垫步），左脚向一垒方向伸踏。

②接左边球的步法：左脚向左跨一小步，右脚向左垫一小步，左脚向一垒方向伸踏和传杀。

③接右边球的步法：右脚向右跨一小步，左脚向右垫一小步，右脚向一垒方伸踏和传杀。

2. 传杀二垒步法（图 3-46）

①接正中球步法：直接右转体，重心在右脚，左肩对着二垒，左脚向二垒伸踏；对于左击者，步法相同，若力量不够，右脚可向前垫一步。

②接左边球的步法：基本和传杀一垒的步法相同，不同之处是左伸踏脚指向二垒。

③接右边球的步法：基本和传杀一垒的步法相同，不同之处是右伸踏脚指向二垒。

3. 传杀三垒步法（图 3-47）

①接正中球的步法：接住球后，右脚后交叉垫步，左脚向三垒伸踏。对左右击者均适合。

②接左边球的步法：左脚向左跨出一小步接球，右脚后交叉垫步，左脚向三垒伸踏。对左右击者均适合。

③接右边球的步法：右脚向右跨出一步接球，左脚向三垒伸踏，若接手身体高大，可从击球员的头上传杀三垒。若受击球员阻挡，可向前或向后多垫一步。对左右击者均适用。

图 3-45　传杀一垒步法

图 3-46　传杀二垒步法

图 3-47　传杀三垒步法

十、接手的封杀和触杀技术（以右传为例）

在比赛过程中，若攻方有抢本垒的可能，接手无球在手则不应站在垒包上或封垒，若有球在手，则要死守本垒，即把垒包全封住，这是规则允许的。

（一）封杀技术

①正对来球方向站立，两脚与肩同宽，若球从三垒方向来，左脚可先踩在本垒的右上角；若球从其余方向来，双脚先平行开立站在本垒的前面，但离本垒位置不

能太远，接球的同时右脚后撤触垒，左脚前跨，目的是缩短接球距离，争取时间传杀另一跑垒员。

②接完球封杀后，一般快速调整步子传杀一垒（图 3–48）。

③封杀跑垒员时，若来球较偏，无法顾及踏本垒，应先接好球，再踏本垒；若接球位置离本垒较远而跑垒员已接近本垒，应采取滑垒和扑垒的动作去触垒，或采用鱼跃动作触杀跑垒员；若无法封杀本垒，可就近传杀另一跑垒员。

图 3–48 封杀技术

（二）触杀技术

触杀技术要根据来球方向、接球位置、跑垒员的进垒位置和方式灵活运用。

①接球之前的站位和封杀站位相同，要保持低重心姿势。

②触杀动作方法一：接球后，左脚左转或左跨一步，封住本垒，同时身体左转，右膝顺势下跪，右手持球合掌，用手套背触杀跑垒员的脚。触杀后，立即收手，做好传杀另一跑垒员的准备，注意触杀时，左腿的护具、左肩应对着跑垒员，以免被撞伤。此技术多用于跑垒员从本垒的右侧进垒（如勾或滑垒、反身坐滑等）。

③触杀动作方法二：接球后，左膝跪地，左小腿打横贴地全封住本垒（护具尽量对着跑垒员），左肩对着跑垒员，右手持球合掌，用手套背在左腿前方触杀跑垒员的脚，此技术多用于对付直接向接手正面抢进本垒的跑垒员（图 3–49）。

图 3–49 触杀动作方法二

第四节 一垒手

一垒是攻方队员抢占的第一个“堡垒”，因而一垒也成为防守方传杀的第一道关，一垒手的接球次数仅次于接手，有人称，一垒手是“第二接手”。

一、任务

①接好击出的来球，根据场上局面判断是否回垒封杀或选杀其他垒位，若来球并非一垒位防守范围要及时回垒协助守场员选杀（封杀或触杀击跑员、跑垒员）。

②要根据击球员的左右击、跑速、击球能力、站位、局面、几出局配球和本身的反应能力来不断调整自己的最佳守位。

③了解自己的防守范围和当时的局面。

④协助投手牵制和接杀一垒跑垒员，也可协助接手接杀一垒跑垒员。

⑤积极参与接力、拦接、夹杀、双杀。

⑥注意回垒、补位、补垒。

⑦处理好触击球和三角地带的各种球。

⑧监视击跑员的踏垒情况。

二、要求

①为使防守范围大，目标大，增强传球者的信心，应选体型高大、手臂长的队员作为一垒手。

②因一垒手的接球次数较多，仅次于接手，且经常有脚触垒的封杀动作，因此，一垒手应手脚灵活、手感好。

③左手传球有利于双杀、触杀一垒跑垒员，缩小一、二垒间的防守空当等，除了接住左侧触击球要转身传一垒较困难外，其余都是有利的。

三、基本守位

①垒上无人或二人出局时，要深防或中防，即离一垒边线2~4米，离二垒线后4~7米（图3–50）。

图3–50　一垒手基本防守站位

注意点：若是左打，要相对靠近一垒的边线，当然还要考虑投手的球速，攻方的击球能力、配球等因素：若是右打，相对靠近二垒边线，右手接球者总比左手接球者靠近一垒边线，目的是缩小反手接球区，防止一垒边线的安打。

②一垒有人，二人出局以前，准备接牵制球。右脚踩一垒包的内角，触杀时，手套放在右脚前面即可（图 3–51）。

图 3–51　一垒手触杀跑垒员位置

注意点：一垒有人，站在垒包的左侧，不要两脚跨着垒包，以免冲撞；触杀时，要触跑垒员离垒包的最近端；接杀时，重心要低，若球传偏，应以接住球为主，再考虑触杀；若投手有向本垒投球的动作，应马上离垒，以防守为主。

③其余垒有人，二人出局以前，若以杀前位跑垒员为主，要浅防，即离一垒边线 2~4 米，靠二垒线前面防守；若以防守为主，要深防或中防，即靠二垒线后 4~7 米防守。

注意点：二垒或三垒有人，尽量采取浅防；若对方有明显触击意图或抢分触击，更应浅防；若要出局数，可采用中防。

四、封杀和触杀方法（以右接为例）

（一）封杀

1. 步骤

①球被击球员击出来后，马上回垒，左脚踩一垒包的内角，重心降低，面向来球方向，手套指示目标（图 3–52）。

图 3–52　一垒手准备接球基本动作

②接球时，根据传球的不同方向，左脚后撤，

用脚内侧触垒包边缘，右脚大幅度前跨，充分伸展手臂单手接球（图 3–53）。

图 3–53　一垒手接不同方向地滚球动作

③封杀出局后，尽快离垒，以免和击跑员冲撞，同时做好传杀其他跑垒员的准备。不要踏在垒包上方封杀，以免被击球员踩中。

2. 注意点

①若来球偏高，击跑员离垒较近，可在空中接球时顺势触杀击跑员的上身。

②若来球太偏，应以接球为主，再争取时间回垒封杀或顺势触杀击跑员。

③若来球较偏，可调整步法接球封杀，即球偏左时，双脚向左侧移步，用右脚触垒，左脚左跨，也可用左脚触垒和反手接球。来球偏右时，双脚向右侧移步，左脚触垒，右脚右跨。

④若来球是一蹦球，应在球弹起瞬间把球接住，若落点较远，可放弃垒位，上步抢点或退后接球，以免失误造成击跑员再次进垒的局面。

⑤一垒手回垒的前几步要快，给后面几步充足的时间调整更好的站立位置来接。

（二）封杀触垒

封杀触垒的方式有三种（以右接为例）：

①先不触垒，接球同时，左脚后撤触垒，右脚向前伸踏。此方式较常用，对较偏的来球能及时调整步伐接球，不易失接。

②先左脚触垒，接球同时右脚向前伸踏。此方式适用于初学者，触垒的距离感习惯后，应以第一种方式为主。另外，此方式在接较偏的来球时不易调整步法。

③先右脚向前伸踏，接球后左脚再触垒。此方式不常用，容易漏踏垒位。

（三）触杀方法

触杀指一垒有人时，接投手牵制球和接击球员击出的平直球、高飞球的触杀，也包括触杀击跑员。

1. 接牵制球的触杀

①接球同时顺势直线放下来在自己右脚的垒包前触杀即可。左手接球者最好跨着垒包触杀。

②当一、二垒有人或满垒时，一垒手可站在跑垒员后面 3~4 米防守，当一垒跑垒员离垒过多或不注意时，应快速回垒接牵制球触杀，但必须有暗号联系。

2. 其余触杀

①垒上无人时，若接球点离击跑员较近（当接球点离一垒较远时），可顺势触杀击跑员身体。

②垒上无人时，当击跑员安全抵达一垒，但有下二垒意图或从场内回垒时，应快速触杀跑垒员的身体，使其出局。

③当一垒有人时，若直接接住空中球，可快速触垒或触一垒跑垒员身体，使其出局。

五、回垒方法

①从一垒前面回垒时，一般采取侧身跑回垒，面向接球方向，手套放在胸前指示接球目标，不要双手摆动背向来球方向回垒，以免易失接。

②从一垒后面回垒接球时，要采用弧形跑方式，不要直线回垒，以免和击跑员冲撞。

六、一垒手的传球

①垒上有跑垒员时，接球后应尽快将球传出。

②传球要根据接球的距离远近采取肩上传、抛传、反手抛传等方式。

③若是封杀跑垒员局面，则在向各内场手的胸部传球；若是触杀跑垒员局面，则应向各内场手的膝关节处传球。

④夹杀：若跑垒员停于两垒之间，要保持传球姿势逼近，当接球者说“传”时，应快速将球传出。

⑤向二垒传球时，不可打中跑垒员。

七、一垒手和投手的局部配合（垒上无人时）

①球击向一垒位方向时，一垒手接球后，若判断自己有把握比击跑员先到一垒，应大声喊出让投手避让，以免冲撞。

②一垒手接住右侧方深角度的球时，应快速转身向一垒方向跑几步，通过惯性将球抛给补位一垒的投手。

③如果一垒手是在右边两步以上接住击出的来球，可用垫步和肩上传球的方式传给投手，由于投手是在冲跑中接球，注意打好提前量、球速不宜太猛。

④当一垒手用身体堵住击出的球使球落在身体前时，可迅速用单手拾球，跪地将球传给补一垒的投手。

⑤一垒手接右侧方较远的球后，有两种传球法：一是接球的同时左转体，使右肩对着一垒将球传出；二是顺着惯性右转体将球传出。

⑥若一垒手向右侧方跑动两步后判断已无法接住击出的来球时，应快速回一垒，让二垒手去接球。若一垒手向右侧跑了两步还无法判断能否接到球时，身体重心已偏向二垒方向，此时不要回一垒，而要让投手去补一垒。

八、触击球和短打的处理

①若击球员有触击或短打意图，应采取近防和准备全力前冲防守，但要防假触真打的进攻战术。接球后一般用侧手或下手传球，若有时间，则采用肩上传球。

②采用近守时，要使一垒跑垒员站在后面。如跑垒员站在垒线上，一垒手可上前几步再往后退至垒线上，迫使跑垒员站在后面。

③对方采取“抢分触击”，投手一有投球动作就向本垒方向冲击，若球有由场内滚出界外的趋势，应根据是否有时间传杀抢分者而决定接或不接。同样，二人出局前，三垒有人，击球员击出一垒延长线外的界外高飞球，为防止三垒跑垒员趁机跑向本垒得分，可有意不接此球。

第五节　二垒手

在防守上最重要的是强化中央区域的守备，击出的球以二垒为中心的地带最多，因此守备的重担落在二垒手与游击手的肩上。二垒也称得分垒，攻队抢占二垒之后得分的机会增多，因此二垒手与游击手是防守二垒的两扇门、两个拳头，在全场防守战术中占有重要位置。

一、任务

①防守好一、二垒间的各种来球。

②根据击球员特点、局面、比分、投接手的配球等调整好最佳守位。

③协助投手、接手牵制和触杀二垒跑垒员。

④阻止一垒跑垒员盗垒，坚守二垒得分垒。

⑤协同内野手处理好双杀配合。

⑥组织和指挥中路、右路外场球的接力配合。负责发配球暗号给中、右外场手。

⑦积极回垒、补漏、补垒和参与夹杀。

⑧协助一垒手处理好触击球。

⑨协同投手、接手及其他内野手进行一、三垒防守战术的配合。

⑩时刻注意接手配球信号的变化，随时回发暗号给中、右外野手，以及时调整站位。

二、特点和要求

①由于二垒手经常补一垒、二垒，故守备的范围较广；游击手的守备范围较深；二垒手需要敏捷的行动力，游击手需要强肩及脚程。

②二垒手与游击手的防守有许多相似的地方，即步法快、眼力好、头脑清醒、臂力强、手臂技术优秀、反应快、战术意识强、善于应变等。

③能熟练使用上手传、侧手传、低抛、下手传和跪传技术。

④熟练掌握垒上的双杀技术。

⑤清楚场上的局面，有综合连续反应能力（即第一反应、第二反应、第三反应）。

⑥身材不一定高大，1.75 米左右即可。

⑦要养成爱说话的习惯。如接力打本垒时，要常常提醒一垒手快去拦接，站成一条线。

三、基本守位

在防守中有三种角度，即深度、中度和浅度，从这些角度防守中要能同时看到右击者和右手投手。

①垒上无人或二人出局，要深防或中防，即离二垒边线 5~15 米，距二、三垒延长线 6~10 米。

②一垒有人，二人出局以前，要站双杀位置（中防），即离二垒边线 5 米左右，距二、三垒延长线 9 米左右。若发现有触击企图，要往一垒方向移动 3~5 步（浅防）。

③其余垒有跑垒员，二人出局以前，要浅防或近逼防守，即在一、二垒边线附近防守。

注意点：

①投手是右投，守位可偏右一些，因右投手的手套在左侧；投手是左投，守位可偏左一些。

②如是左击者，守位可靠后一些，除非击球员的跑速很快或预防触击。

③要根据击球员的击球特点、棒次、投球类型、配球球种、攻队可能采取的进攻战术等调整自己的守位。

④因少年和成年的比赛场地（内野）是一样的，所以少年运动员的守位应向前站位 2~4 米。

⑤防守位置要根据自身能力和局面灵活调整。

四、二垒手防守要点

二垒手的三角地带是防守的难点，如投手身后球、一垒手与二垒手交叉防区地带球、二垒手与一垒手身后及右外场手前的三角地带球，故要做到密切协作。如击球落在左侧，要往后跑，取大角度去接。要记住：防守位置离击球员越近，向后跑的角度就越大。二垒有跑垒员，一定要拦住来球，防止跑垒员回本垒得分。若三垒有人，要采取近逼防守，两脚分开稍大，重心较低，重心压在两前脚掌上，便于左右移动拦接。若要出局数，则稍后防守，重点传杀击跑员。

（一）双杀传球要点

重点解决好步法、转身动作、手形及传球方式问题。正面来球时，接球后不要站立，应原地转身，左膝跪地将球传向二垒（图 3–54）。

图 3–54　正面来球时二垒双杀传球

右侧来球时，应边跑边接，不要停顿，顺势采用反手低抛球进二垒的游击手（图 3–55）。

图 3–55　右侧来球时二垒手双杀传球

左侧来球时，若较远，最好采用逆时针转身，上手向二垒传球。要求转身动作大，第一步伸踏大，便于稳住重心（图 3–56）。若来球偏左不大，则采用顺时针转身传向二垒。

图 3–56　左侧来球时二垒手双杀传球

若来球偏右甚大,来不及双杀,可采用反手接球或扑球,然后传杀一垒(图 3–57)。

图 3–57　二垒手接反手球传一垒

若来球较慢（正面），接球时离垒线最近，左脚就要再向前并离开大一些，便于转身跪传二垒；若来不及双杀，可用下手跳传或徒手拾球传一垒（图 3–58）。

图 3–58　二垒手徒手接球下传一垒

接慢球时，一垒跑垒员快跑到二垒时，来不及传杀二垒，则立即传杀一垒。若一垒跑垒员起动慢或在自己身前有停顿，这时接球点在垒线前面，则立即调整步法，用最有把握的方法把球传到二垒。双杀的第一传最重要，绝不能失误。关键要出手快，力量不要太大，以免暴传。

（二）二垒手触杀要点

触杀时要防止掉球，切记眼睛不要转换太快，又接又杀，这易导致失误，要做完一件事再做另一件，接好球再传杀或触杀。触杀跑垒者，最好将手套放在垒包前触其脚。为防止被踢掉球，右手要持球于手套中触杀（图 3–59）。

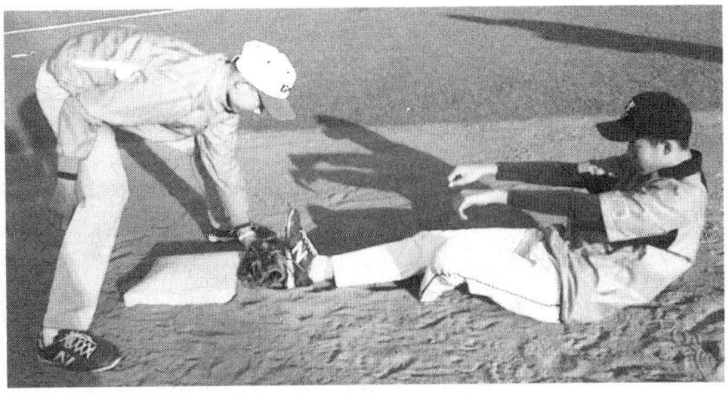

图 3–59　垒包前触杀动作

二垒手进二垒触杀盗垒者的站位，一般采用骑跨式，即两脚跨在垒包两侧，稍面向盗垒者。在离触杀点最近的地方垂直落下触杀，不要前伸臂接球再往后触杀。如是反弹球，也不要离垒迎前接（除非球传偏），应对正反弹球接杀，即使漏接，也会有其他队员补漏。若时间来得及，要采取双手触杀；时间来不及，可单手接球，垂直落下触杀（图 3–60）。触杀后，右脚或左脚闪开，以免和跑垒员冲撞。

图 3–60　单手触杀动作

接中外场或左外场传来的球时，双脚要跨在垒包的外角，面向来球触杀后，左脚或右脚要闪开。

一、三垒有人，攻方双偷时，若二垒手进二垒触杀，则不能骑跨在垒包上，应站在垒包前，缩短距离有利于传杀本垒。

（三）二垒手进二垒双杀步法及其要点

1. 双杀步法

若球打到三垒、游击手方向，二垒手成为双杀的中间人，则既要接好球、传好球，又要熟练掌握垒包上的双杀步法。

①在球未击出前，要有两种思想准备：一是看清接手的配球暗号（如慢球、曲线球、内角球），二是看击球员的击球能力与特点。如估计球不可能打到一、二垒方向时，可提前进二垒，且起动动作要快，接近垒包时减速，小碎步调整好接球方向。

②接球时务必胸部对正来球，保持身体平衡。

③在双杀中，跑垒员离垒较近，接传球的步法很重要，以便于下一步传杀和保护自己。

2. 垒上双杀步法要点

①如跑垒员离垒 4~5 米，则用向前三步接传球法，即左脚踏垒，右脚向前用跨跳法传球。

②如跑垒员离垒 2 米左右，则用后退步接传球，即左脚踏垒，右脚后撤一步用跨跳法传球，也可左脚踏垒并后撤一步用跨跳法传球。无论采用向前还是向后垫步，均要注意跑垒员的滑垒方向（图 3–61）。

图 3-61　垒包前跨步传球

③若来球在自己的左前方，则用右脚踏垒，即左脚向一垒伸踏一大步，并用跨跳法把球传出。若跑者挡住传球路线，可提起右腿从跑垒员头上传球，这时跑垒员会低头躲球（图 3-62）。

图 3-62　垒包后撤步传球

④若来球在二垒包的上空并稍偏右，可用滑步跨跳传，即用右脚拖垒包外角或垒包上方，左脚顺势指向一垒，用跳传将球传向一垒。

⑤若来球偏向垒包的右方，左脚迅速向垒包边缘踏垒，右脚顺势跨出一大步，稳住重心，并快速将球传向一垒。

⑥若击出来的球接近二垒，二垒接球后自己踩垒封杀后传向一垒（图 3-63）。

图 3–63　二垒垒包附近地滚球

⑦若来球较高，可用左脚踏垒，呈单脚支撑向上空跳起（垂直地面），用上手跳传将球传出，可朝跑垒员头上传，迫使其低头躲避而降低跑速。要借助右腿屈腿上摆，取球分手要快，在腾空最高点将球传出。

（四）注意点

①当攻方领先 1~2 分，又是最后两局，一垒有跑垒员，若使跑垒员前进一个垒位，就可能得分。因此二垒手的防守重点是使其出局，而不应考虑打双杀。在接球时要靠近垒线，迫使跑垒员绕到身后去跑，延长其跑垒路线，接球后快速传球二垒使其出局。

②一、二垒有人，二人出局以前，当进二垒封杀一垒跑垒员后，若击跑员来不及传杀，应做假传一垒的动作，然后迅速右转、调整步法，查看是否有机会传杀三垒或本垒。

③一、二垒有跑垒员，进行选择性双杀时，若来球较慢，接球后来不及传杀一垒，而二垒跑垒员已绕出三垒时，可迅速传球三垒触杀。

④球击向一、二垒间，一垒手已出来接球，这时二垒手应考虑漏接球，再进一垒或补一垒后面（投手可能已先补一垒）。

⑤双杀的成功在于反应和出手快，如有选择余地，应有向前迎球的动作，而不是等球。

⑥双杀的成功离不开投手和接手的配合，当游击手发出“二垒进垒”的暗号时。接手的配球不能让击球员打到二垒方向的球。

（五）触击球的防守要点

当打触击时无论何垒有人或无人，标准方法是向一垒移动，若一垒手接球，二垒手补一垒垒位，若接手接球传一垒，就在一垒后去补漏。

二垒手最难的是不能准确判断击球员是挥击还是触击。一垒有跑垒员时，二垒手用准备双杀的站位，若有触击意图，应在投球之前慢慢向一垒靠近 3~5 米，注意防范假触真打。

第六节　三垒手

三垒手是指在棒球比赛中，负责防守三垒的球员，其功能在接捕三垒附近区域的击球以及接捕其他防守球员的传球，促使击球员或跑垒员出局。通常以数字 5 来代表三垒手的守备位置。

美国和日本把三垒称作“热地带”“热角”，因三垒是得失分的最后一关，是攻守双方的必争之地，如抢分触、牺牲高飞球、二垒有人的外场安打，接手漏接等均从三垒开始抢分。

一、任务

①以灵敏的反应和熟练的接传球技术防守好三垒及其附近任何来球，尤其要接好快速的地滚球、平直球。

②触杀向三垒偷进的跑垒员。

③协同投手、接手牵制三垒跑垒员。

④处理好界内、界外比赛有效区域的慢速地滚球式触击球、高飞球，减轻投手和其他场员的负担。

⑤做好左外场球的接力传球。

⑥观察跑垒员是否漏踏三垒，一经发现，尽快向裁判员提出申诉。

⑦积极参与夹杀、回垒、交叉补垒和补漏，并出声提醒队友。

⑧根据击球员特点、局面、比分等调整最佳守位。

二、特点和要求

①在防守中经常遇到快慢不一的击球（慢速地滚球、触击球、快速地滚球和平直球），因此必须熟练掌握肩上、体侧、下手、跳传四种传球技术，并有准确的传球能力。

②臂力强。

③勇敢，不怕球，打来球一定要堵住。

④反应快，动作敏捷，主要是前、后、左、右的起动快。

⑤熟练掌握反手接球和右扑接球技术。

三、基本守位

在防守中一般有三种角度，即深防、中防和浅防，与一垒手的守位基本相同。

①垒上无人或二人出局，一般采用深防或中防，即离三垒边线3~4米，距二、三垒线3~7米的地方防守。

②一垒有人，二人出局以前，要准备双杀和预防触击，这时要中防或浅防，即离三垒边线3~4米，距二、三垒边线2米左右的地方防守。

③其余垒上有人，二人出局以前，要浅防或近逼防守，即离三垒边线3~4米，距二、三垒边附近防守。

注意点：

①垒上无人时，防守位置根据自己的臂力、身高、移动和反应能力而定，如遇强击者，跑得慢可站远一点，跑得快可往前站一点。

②遇右击者，一定要守好边线球，防止二垒打，故要靠近边线一点；左击者可向前两步再向左1~2步防守。

③要根据局数、比分等情况调整自己的站位，如已领先四分以上，最后一局，垒上有人、无人或一人出局，可深防，要出局数，该时对方一般不会采用触击战术。

四、防守准备姿势

两脚跨在球前进方向两侧，比肩稍宽，先固定轴心脚（右脚），后固定伸踏脚，两膝关节弯曲和稍外展，稍提臀，重心压在两只脚掌上。胸部靠近大腿，右脚尖与左脚跟在一条直线上（图 3–64）。

图 3–64　防守准备姿势

五、防守技术的运用要点

（一）接球

图 3–65　接快速正面地滚球

①正面快速地滚球无法接住时，要勇敢用身体挡住球，即右膝跪地，右脚向右侧打开，左膝弯曲，双手在中间，眼盯球，低头（图 3–65）。

②慢速地滚球，要直线迎前双手接球，重心降低，接球时左脚在前（有利于调整传球方向），若球已停止，可用徒手接球（图 3–66）。

图 3–66　接慢速地滚球

图 3–67　接触击球

③若打触击球，要沿三垒边线跑动，即弧线跑动路线，用单手或双手接球皆可（图 3–67）。

④三垒、游击间地滚球，用前交叉步法起动和单手接球。若还追不上球，则伸出手套像头部滑垒似的姿势前倒接球（图 3–68）。

图 3–68　接三垒、游击间地滚球

（二）传球

①接正面较快的地滚球，接球后要跑动 3~5 步再将球传出（垒上无人时），跑动方向要指向一垒。若来球特快，可采用跪接（图 3–69）。

②接慢速地滚球或触击球，要用侧手、低手或跳传传向一垒（垒上无人或二人出局时），因前冲的惯性较大，用急停动作再传，不易使击跑员出局。

③接较远的前方小飞球时，因前冲惯性大，要用上手跳传传向一垒（一垒有人时）。

图 3–69　三垒手接球后传杀一垒动作

六、重要防守局面的处理及注意点

（一）一、二垒有人，二人出局以前

若接右侧地滚球，要先踩三垒封杀，再传一垒；若是三垒、游击间地滚球，可立即传二垒打双杀，也可顺势触杀二垒跑垒员再传二垒或一垒。

（二）一垒有人，二人出局以前

遇对方打触击球，要注意和投手配合，即若是投手接触击球，三垒手立即回三垒，若是三垒手接触击球，游击手马上补三垒，防止一垒跑垒员抢占三垒。

（三）防守角度的运用

①来球在左方，因有游击手补漏，可用交叉步起动，球速快可用中角度或侧移动，

球速慢可用小角度冲前接球，所用角度由球速、方向而定。

②来球在右方，因身后无同伴，接球时用向后的深角度，防止造成二垒打。步法：右脚稍右转或向后，便于转身用交叉步和反手接球或移动正面接球（在时间允许的情况下）。

③若来球甚猛，且球偏左或偏右，可在接球后借助球力，逆时针或顺时针大转身将球传向二垒打双杀。

④三垒手打双杀时，最重要的是在接球时已经做好面对二垒方向的传球姿势。有双杀局面，第一反应是打双杀，若不行，第二反应才是杀一垒。

⑤要注意培养三垒手的自信心，平时训练不要打很猛的地滚球，尤其是地面不平的情况下。要使运动员感到训练是一种享受，而不是一种负担；比赛中鼓励三垒手勇敢地挡球，让他认识到在比赛中虽挨了一下打，但把球挡住了，可使对方运动员出局是值得的。

⑥每个人都有怕快球的心理，通过训练可以减少这种怕的心理。怕球的共同反应是头先偏，眼不盯球，而这样往往最容易挨打。最好的防御方法是眼睛看住球而不是躲开。

⑦当三垒有人，打抢分触时，若球落在投手、接手、一垒手的三角地带时，注意顺势补本垒。

⑧二人出局以前，一、二垒有人，三垒手要采取先慢向前。若来球较慢，投手可接住，三垒手要马上回三垒踏封杀。

⑨一垒有人时，要留心击球员的棒头，这是区别挥击和触击的主要方法，若棒头的挥动看得很清楚就是挥击；棒头看不见就是触击，这时三垒手马上冲前接球。

⑩垒上无人或一垒有人，若来球在游击手、投手、三垒手的三角地带，三垒手要积极主动接球，这有利于传杀一垒或二垒，即使漏接也会有游击手补漏，减轻投手的负担。

七、封杀与触杀的站位和方法

（一）封杀

封杀局面，回垒方法和站位同一垒手，即回垒时要面向传球方向，手套指示接球目标。不要背向传球方向和两手摆动回垒（除非有充分的时间封杀）。

封杀时右脚要踩着垒包侧面，封杀完后立即离开垒位或传杀其他跑垒员（图 3–70）。

图 3–70　封杀

（二）触杀

当二垒跑垒员偷三垒或其他跑垒员因安打抢占三垒时，三垒手要马上返回三垒，两脚骑跨在垒包两侧，面向传球（内野或外野）方向（图 3–71）。

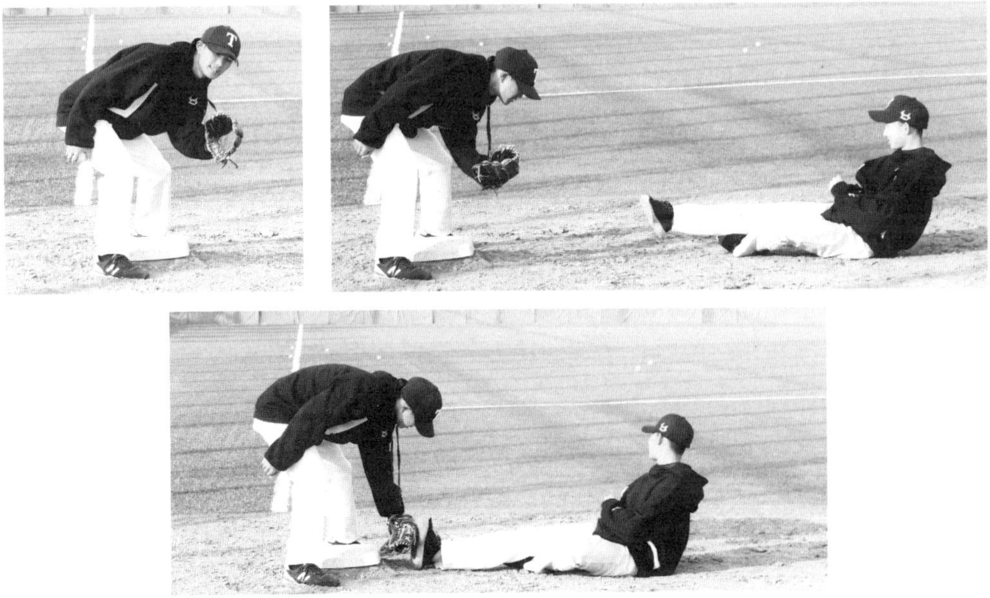

图 3–71　触杀

注意点：

无论是封杀还是触杀，完成接杀任务后要立即躲开跑垒员。触杀时手套要着地，右手持球在手套里，触跑垒员的脚，注意跑垒员触垒方式的改变，如坐滑改为转身用手触垒，也可能用绕滑等。

八、接高飞球

击向三垒附近的高飞球，应积极主动接。若球在三垒手背后也可由三垒手接，但当左外场手或游击手出声喊“我的”时，则谁先喊的或谁声音大谁接。因为接高飞球时，向前接最易，侧跑接次之，向后跑接最难。若球在界外挡网附近，应用右手测距挡网的位置，不要边看球边向前跑，以免碰撞。

第七节　游击手

在内野手中，防守较深的是游击手，而二垒手的守备则较广，所以，二垒手需要有敏捷的行动力，游击手需要强肩和脚程。一垒手、二垒手、三垒手接球时即使没接稳，也来得及传杀击球员，而游击手往往来不及传杀击球员。

一、任务

①防守好二、三垒间的各种来球。

②根据击球员特点、局面、比分、配球等调整好最佳守位。

③协助投捕手及发暗号牵杀，二垒跑垒员。

④负责给左、中外场手发配球信号。

⑤阻止一垒跑垒员盗一垒，坚守二垒得分垒。

⑥协同内野处理好双杀配合，并熟练掌握双杀技术及各种传杀技术。

⑦组织和指挥左路、中路外场球的接力、拦接配合。

⑧积极回垒、补漏、补垒和参与夹杀。

⑨协助二、三垒手处理好触击球。

⑩协同内野手进行一、三垒防守战术及其他防守战术的配合。

二、特点和要求

①由于游击手既要深防，又要浅防，故除了需要强肩和脚程外，还要移动快、活动范围广、眼力好、头脑清醒、战术意识强、善于应变。

②有优秀的手臂技术，熟练掌握上手传、下手传、侧手传、跪传、低抛等技术。

③清楚场上局面，有综合连续反应能力（即第一反应、第二反应等）。

④身材不一定高大，1.75 米左右即可。

⑤要养成爱说话习惯，不断提醒队友。

三、基本守位

在防守中有三种基本守位，即浅守、中间守（双杀位）和深守。

①垒上无人或二人出局或要出局数时，要深守（在内场交界处）。即离二、三垒连线 10~15 米，距三垒延长线 8~12 米的地方防守。

②一垒有人，二人出局以前，要中间守，做好双杀准备。即在离二、三垒连线 10 米左右，距三垒延长线 12 米左右的地方防守。

③其余垒有人，二人出局以前要浅守或收缩防守。

注意点：

①右投者（手套在左侧），游击守位可偏左一点；左投者（手套在右侧），守位可偏右一点。投手若无法接住右边球，最好让给游击接以免影响其重心移动。

②若是左击者，守位可靠近二垒一点；若是右击者，可远离二垒一点。

③三垒有人或防触击，要大胆近逼防守。

④要根据击球员的特点、棒次、投球类型与能力、攻队可能采取的进攻战术等不断调整自己的守位。

⑤因少年和成年的比赛地（内场）是一样的，故少年运动员的守位应向前 2~6 米。

四、防守角度

①垒上无人时，游击手在臂力允许范围内尽量深守，这有利于加大防守范围。

②越靠近二、三垒连线防守，向后移动的角度越大。

③当来球很快（在浅守和中守时），必须做深角度移动随时采用反手接球技术；若是在深守位，可用正手接球。

五、防守技术的运用

（一）传一垒

1. 正面地滚球（图 3-72）

保持低姿势接球，若来球较快，接球后可多跑 3~4 步再将球传出。

图 3-72　正面地滚球

2．游击左侧地滚球（图 3-73）

尽量移动到球的正面接球，若来不及，可在左脚前面伸出手接球（单手），并尽快调整步法，将球传出。

图 3–73　游击左侧地滚球

3．游击右侧地滚球

尽量移动到球的正面接球，若来不及，要用反手接球技术，接球后重心移向右腿，并稳住重心。若惯性过大或稳不住重心，可向右缓冲小步（用右腿），再将球传向一垒。

4．越过投手的小飞球或慢地滚球、反弹球（图 3–74）

要保持低姿势全力追球，在左脚前接球，以右腿为轴，用侧手传技术将球传出。

图 3–74　越过投手的小飞球或慢地滚球、反弹球

（二）传二垒（双杀）

1. 一般地滚球（图 3–75）

要稳住重心，并尽早出手。

图 3–75　一般地滚球

2. 强烈快速地滚球（图 3–76）

确实接稳球后再将球传出，不要过于急传，否则易接球失误。

图 3–76　强烈快速地滚球

3. 二垒后方地滚球（图 3–77）

接住后稳住重心，用反手抛球技术将球传出。

图 3–77　二垒后方地滚球

4. 正面地滚球（图 3–78）

在二、三垒边线后方，距二垒不远（一般 10 米左右）的地方接球，常采用跪传技术。

图 3–78　正面地滚球

5. 靠近二垒方向地滚球（图 3–79）

接球后顺着惯性向二垒跑，用低手抛球的同时右腿要向二垒跨出。抛球点距二垒约 6 米。

图 3–79　靠近二垒方向地滚球

六、进二垒的双杀步法

（一）双杀步法种类

1. 右脚拖垒法（图 3–80）

若传球准确或来球稍偏左，可用右脚拖二垒中外角，同时右转体，左脚指向一垒方向。

图 3-80　右脚拖垒法

2. 左脚拖垒法（图 3-81）

若来球稍偏右，可用左脚拖二垒左外角，同时右转体，右脚指向一垒。

图 3-81　左脚拖垒法

3. 向前垫步法

若在行进间接球，且跑垒员在左方向进垒或滑垒，可用左脚踏垒包上方，右脚用后交叉垫步，右转体，左脚指向一垒传球。

4. 退后垫步法（图 3-82）

若跑垒员在右方向进垒，可用左脚先踏垒包边缘，右脚后撤、右转体传球一垒。

图 3-82　退后垫步法

（二）球传偏时采用的应急步法和措施

①若传球偏左，在接球的同时向左侧移动并用右脚触垒包，右转体，调整步法，再将球传向一垒。

②若传球偏右，要向右侧移动，同时用左脚触垒，右转体，调整步法，再将球传向一垒。

③若来球偏向较大，要以接住球为主，再考虑回垒封杀。

④若来球偏高，跑垒员离垒较近，可顺势在空中做触杀动作。

（三）游击手双杀的注意点

①尽早在二垒前，双脚平行站立，面向传球方向，以能快速双杀和防止球传偏。

②目测跑垒员距二垒的距离，注意避开跑垒员，以防受伤或影响双杀。

③要根据跑动中接球还是在二垒前静止接球，灵活采用双杀步法。

④若球传偏，要有应变能力（先接球再考虑封杀或触杀跑垒员）。

⑤若来球离二垒较近，要和二垒手配合好，可自己踩二垒双杀。

七、游击手在防守时应注意的问题

①在接右侧地滚球时，最后一步右脚要跨出一大步，屈膝，脚内侧撑地急停，重心下降，稳住身体，左脚指向传球目标。

②在接左侧地滚球时，最后一步左脚要跨出，稳住重心，右脚垫步，左脚指向传球目标；或尽量绕到球的后面接球，右脚向前垫一小步，左脚指向传球目标。

③从“双杀位置（中守）”起动接球时，尽量使右脚比左脚稍靠前（接球点离二、三垒连线越近右脚比左脚越靠前），这有利手快速打双杀，否则，左脚比右脚靠前就易锁住身体。

④双杀成功不在于“球速”，而在于“动作速度”，即起动快，出手快，但用力不要过猛。

⑤教练员反复提醒游击手“二垒的位置是固定不变”的，因此接球时眼睛盯住球，接牢再传二垒。

⑥无论是地滚球、平直球、高空球，接到球的位置就是开始传球的位置，因而作为内场手必须熟练掌握低手、侧手、肩上、跳传四种传球技术。

⑦当采用低手抛球时，戴手套的手臂必须向后摆，目的是使接球人看清传球；不能用双手势，也不能用戴手套的手单手抛球（球易抛高）。

⑧当左侧来球很快，游击手需移到二垒包后边接球时，要用反手抛球，这时二垒手要面对游击手，左脚踏垒的外角接球，并左转体，左脚指向一垒，右脚向右侧垫一步。

⑨若来球很快，又靠近二垒包，这时游击手应大声喊“我的”，并顺着惯性，以右脚尖拖垒垫的外角，左脚向前跨一步传球出手。

⑩当游击手进入二垒打双杀时，要尽量使自己、二垒包、传球人成一条直线。

⑪进二垒包要快，停止要突然，但不是完全静止，要静中有动，这有利于快速打双杀或防止球传偏。

⑫游击手进二垒封杀并传球出手时，要跳起保护自己，防止和跑垒员相撞。

⑬若游击手身材高大，在双杀中转传球时正好对着跑垒员，这时可向跑垒员的头上向一垒传球，迫使跑垒员滑垒和降低跑速。

⑭若一、二垒有跑垒员，攻方可能触击时，游击手要想办法减少二垒跑垒员的离垒距离，即用假动作引导二垒跑垒员回垒，这时游击手立即回原防守位置并让投手投球或发信号牵杀二垒跑垒员。

⑮二垒有人，二人出局以前击出三垒手、游击手之间的地滚球时，若三垒手接住，游击手要从补漏位迅速补三垒；若三垒手接不住，三垒手要迅速返回三垒。

⑯游击手或其他内场手要知道接手的配球暗号，这有利于早起动几步防守。如接手发出“曲线球”暗号，投手投以慢曲线球，这时游击手在投手投球时就可向右移动重心或移动几步。

八、游击手的补垒、补漏、接力和拦接

游击手在防守中要兼顾二、三垒。当二垒手或三垒手去接击出地滚球或传杀跑垒员时，游击手应根据局面补垒、补漏。补二垒的情形有：球击向一、二垒间，一垒有人打触击。补三垒的情形有：球击向三垒、游击手间（一或二垒有人），二垒或三垒有人打触击。补漏的情形有：二垒手进二垒接捕手传出的球(一垒有人),在二垒后补漏；球击向三垒手、投手、游击手的三角地带时，要准备在投手或三垒手后补漏。

球击向外包场或中外场要准备接力或拦接，并举双手示意。注意外场手接球点、接力点和所传的垒要三点成一条直线。要根据外场手、自身的臂力、安打垒数不断调整接力距离和方向，若接力杀不了前位跑垒员，则改为拦接传杀后位跑垒员。

九、进二垒接球触杀站位

当一垒跑垒员盗垒时，遇左击者，由游击手进二垒，右击者由二垒手进二垒；一、三垒有人采用双偷或单偷时，一般由游击手进二垒触杀。站位方法有两种。一是左脚踩垒包内角，右脚在二、三垒连线上，面向接手，双手接球触杀。此法的特点是进垒时间充足，等待接球触杀，其注意点是当跑垒员采用绕滑时，要跪右腿左转体封垒触杀其脚。二是行进间进垒触杀，左脚最好踩在垒包上，右脚站法不固定，单手接球触杀，接球点和触杀点要在一个垂直面上。此法特点是进垒时间不够充足，跑动中接球触杀，站法不固定。

第八节　外场手

外场手的守备范围很大，距击球员最远，处于防守的最后一道防线。由于外场手接传球次数较少，往往误认为对外场手要求不高或安排较差的队员担任外场手，但又期望外场手不能发生守备上的失误。内场手漏接还有外场手补接，一旦外场手漏接，最后防线被突破，往往要拼命追球，造成多垒打或连续下分，从而影响全局

的胜负，可见外场手轻视不得，往往队伍水平或级别越高，对外场手的要求则越高。

一、任务

①接好和传好所有击到外场的各种来球。

②根据不同的来球、不同的局面灵活运用接传球的各种步法、手法。

③根据投球种类、击球员特点、棒次等不断调整自己的最佳守位，并熟悉自己的防守范围。

④对击到内场或外场的球要积极补漏。

⑤积极补位，尽快堵截传偏或失接的来球，使补位位置要和传球人、传杀垒位成一条直线。

⑥接球后要快速出手，向击跑员或前位跑垒员欲进的第二垒位传球或传杀。接球后，若无击跑员、跑垒员进垒局面则第一时间将球传向最近的内场手，使其控制场上局面。

⑦遇到攻方采用触击战术。三个外场手要前压，并积极参与补位与夹杀。

⑧要成为队里进攻端的尖兵、强打手。

⑨要熟悉各个垒位的距离、方向、角度。

二、基本要求

①球击到外场至少两人追球，一人接球，另一人补漏和指挥。

②处理好外场三角地带的来球，若此地带的来球可接可不接，要大胆扑接，即使漏接，也要有人补漏；若是界内的边线球，接好又没把握，应以堵接为主，防止漏接造成多垒打，因这时中外场手补漏往往来不及。

③要熟悉内场手（尤其游击手和二垒手）的传球能力和外场手相互间的防守能力。

④随时注视二垒手和游击手发出的投球信号，并了解投手的临场投球状态。

⑤垒上无人，击出的外场地滚球，以跪堵为主，减少失误防止多垒进垒；垒上有人，无论是地滚球还是高空球，都尽量采用三步接传法，以方便判断传杀各个垒位，更要积极传杀前位跑垒员。

三、注意点

①了解当天的风向、风速，抓一把草抛向空中，就可略知当时的风向、风速。内场高飞球也因风力的影响会落到外场，外场球也可能飘向内场。

②顺风球要深防一些，注意突然上飘和下落。逆风球要浅防一些，注意球的突然减速和反向落下。

③凡是打到边线的外场高飞球，均有自然曲线，并有向边线拐出的可能。

④阳光照眼时，最好先用手套遮光找球，也可戴运动太阳镜。

⑤两人追球接时，向前接的容易，侧向接次之，退后接较难。击到中外场手附近的高飞球较易判断，球路较稳定，应让中外场手接杀。

⑥外场手杀球要求又平又快，宁愿传平直的一弹球，也不要传高抛物线的到位球。

⑦尽量在球的上升阶段，判断好球的方向、角度和落点。

⑧要熟悉局面，应变能力强，如多垒有人时，传杀不了前位者要立即传杀后位跑垒员。

⑨三垒有人，二人出局以前，击出外场深远界外球时，为了不使攻方以“牺牲打”得一分，可故意失接。唯一允许接的是回传本垒有把握将三垒跑垒员杀出局或要出局数时。

⑩第九局下半局，三垒有跑垒员，二人出局以前，内场手收缩防守，外场手中守，缩小内、外场之间的安打区，若外场手臂力均较强，可稍向后 5~6 米站位，目的是接到球后直传本垒杀三垒跑垒员出局。

⑪外场手可引诱跑垒员冒险进占下一个垒位而杀其出局。如二人出局，垒上无人，击出左外场二垒打，进占二垒后，可故意失接转身外跑几步，当跑垒员欲进占三垒时，要快速转身传球三垒触杀其出局。

四、外场手的条件

①强肩，远传能力强。

②起动快，脚程快。

③视觉好，空间感觉好。各种来球的角度、方向、旋向测量准确，判断能力强。

④注意力集中，耐性好。

五、外场手的特点、区别和选择

外场手的技术、战术项目和训练手段、内容比内场手要少些、单纯些，几乎无直接处理垒上的局面。因而防守训练的时间可少些，击球和跑垒的训练要多些，外场手往往是队里的优秀击球员和跑垒员。

三个外场手的防守范围：个人防守范围前后左右 50~75 米，在 3.5~5.5 秒内应能接住 20~30 米范围内的来球。在 4 秒内能远传 60~80 米。

（一）中外场手

①因击到中外场的球最多，故中外场手接传球次数最多。

②防守范围最广，还要顾及左、右外场手的补漏。

③没有界外球，只要失接，就是多垒打或失分。不像左、右外场手，有界外球，界外球即使失接，也判界外球，不造成上垒或失分。

④传本垒的距离最远，传三垒距离次之，故有两个远距离传球，有 80~120 米。

⑤中路来球较易判断，球路稳定，轨迹清楚。

⑥因要照顾其他外场手，中外场手应是外场手的守备队长，有指挥权。

由此可见，应安排臂力最强、跑速最快、防守能力最强的队员担任中外场手。

（二）左外场手

①防守范围比右外场手稍大。

②因牺牲打传杀本垒的机会较多，因此应具备较强的传杀能力。

③击到左外场的边线高区球往往有向外的曲线变化，较难判断，球路不稳定。

④只有一个较远距离的传球，即传杀本垒。

⑤有界外球的处理，有三垒有跑垒员时深远但可接的界外球可以故意失接。

由此可见，应安排判断能力强，最好是右手接球（有利于接边线球）但跑速、臂力可相对稍差的队员担任左外场手。

（三）右外场手

①防守范围比左外场手稍小。

②因传杀三垒和本垒的机会较多，因此应具备很强的传杀能力。

③击到右外场边线的高飞球往往有向外的曲线变化，球路不稳定，较难判断落点和接稳。

④有两个远距离的传球，即传杀三垒和本垒，有 80~120 米。

⑤替补投手一般安排在右外场防守。

由此可见，应安排判断能力强，臂力强，左手接球（有利于接边线高飞球），但跑速稍差的队员担任右外场手。

六、基本守位

外场手的守位不是固定不变的，应根据投手的投球类型、击球员特点、局面、比分等不断调整自己的最佳守位。

或者若是正规的成人棒球场，一般的守位是内外野草地线（内场弧）与本垒打线之间的正中或稍后。即中外场手在 85~95 米，左右外场手在 65~85 米。

三个外场手无论如何调整站守，均要能从内场手之间直接看到击球员。

七、防守准备姿势

外场手的准备姿势应比内场手的重心稍高，这有利于判断高球，动作自然。

投手踏板准备投球前，外场手的重心较高，投手合掌投球时，降低重心，落腰（但不必像内场手那样压低重心），浮起脚跟把重心放在脚尖或做碎步准备起动接球。

注意力要集中在击球员的击球，这有利于快速反应，及时起动，有充足时间正确判断来球（图 3–83）。

图 3–83　防守准备姿势

八、防守的步法、手法（以右手为例）

（一）接正面球（图 3–84）

垒上有人时，无论是高飞球还是地滚球，接球点最好左脚在前接住，采用三步接传球法；若垒上无人时，击出地滚球最好采用单腿跪接。

（二）接左后方球（图 3–85）

若是左后方球，左脚先左转，右脚向左前交叉起动，若球的偏向不大，接球点在左脚或右脚均可。

图 3–84　接正面球

图 3–85 接左后方球

（三）接右后方球（图 3–86）

若是右后方球，第一步右脚后移半步，左脚随身体右转移到右脚左侧，左肩对着来球。左后方球动作则相反。

图 3–86 接右后方球

图 3–87 接前方球

（四）接前方球（图 3–87）

前方落点的高飞球，无论是正前方还是左或右前方都要大胆单手前伸接球，接球时要沉腰，左脚在前。不要边跑边伸手，要在接球的瞬间才伸出单手接球。

（五）接平直球（图 3–88）

击到外场的平直球，较难判断其落点，主要是球的上升阶段不明显，有突然上飘特点，落点相对较远。故接平直球时，不能启动太早，宁愿后退几步再向前跑接，否则易变成过头球，造成多垒打。

图 3–88 接平直球

（六）接后挡网附近球（图 3–89）

为防止撞网受伤，要尽早跑到挡网边，用右手触摸挡网，确认离网距离。

（七）接阳光照眼球（图 3–90）

图 3–89 接后挡网附近球

图 3–90 接阳光照眼球

先用手套遮阳光找球或戴专门的太阳镜，待判断准确后才跑向落点接球。

（八）接偏向较大的来球（图 3–91）

左右偏向较大的来球，要大胆扑接。扑球时要降低重心，腹部与地面平行，用腹部落地滑行（皮带处），单手伸直接球，右手在体旁，不用撑地，以防受伤。

图 3–91 接偏向较大的来球

九、外场手应注意的问题

①外场手在向后转身时应直线到达球的落点处，不要绕圈子或旋转找球，除非球向判断错误，才顺势向左或右转体找球。

②接后方深远的球或冒顶的高飞球，应采用深角度的跑动路线防守。

③外场手要尽量跑过球下落点的前方接球。若内场手要传杀其他跑垒员，可拦接。若传球准确，有时间传杀前位跑垒员，则不应拦接，使球一弹到位，球弹地速度加快，这种反弹球接起来更容易。

④用一弹球传球，应离接球者 10~15 米，在比赛之前应对场地的软硬度和表层结构有所了解。

⑤应注意平直球的球性，若击到球的下部飞出来的回旋球，在落地前受空气阻

力的影响会稍向上飘；而击到球的上部飞出来的前旋球，则会突然下降。因此，迎面飞来的平直球应大胆迎上前接球。

⑥外场手时刻要明确自己是最后一道防线，即使球击到内场或在内场之间传杀，也要时刻想到内场手有漏球或传偏的可能。

⑦在各种高飞球中，最难判断运行轨迹、高低角度、球速的是正中球，因此，接正中球要靠经验去判断球的落点或多后退几步留有余地。另外，外场边线的正中球往往会突然飘向界外，这时要转身面向内场，以借助重心前移速度发挥全身力量。

⑧后方接传球的过程是转体—冲跑到落点前方—回转身体—左脚迎前接球—右腿小跳垫步—伸踏左脚传球、重心在空中前移，右腿前冲（与投手投快球的动作相似）、传球臂随挥下垂，使球平直运行。

⑨外场手接高飞球的一般过程是：盯二垒手、游击手回发的投球信号—调整守位—防守准备姿势—眼睛由盯投手移向击球员—击球员将球击出—球在上升阶段，判断球路、方向—起动到落点，调整步法—接球，面向传球目标。盯球击出、判断、起动均在一瞬间进行。

⑩冲跑转身后，迎前接球应与球及传球的方向成一条直线。

⑪回传的球，宁可偏低，也不要过高。

第四章 CHAPTER 04

进攻基本战术

棒球中的进攻战术就是要千方百计成为跑垒员，制造得分机会，并使分数再增加。为此，就需要将选球的技术，以及挥击、触击、跑垒等进攻战术手段在比赛中百分之百发挥。因此，进攻战术练习，应以实际可能发生的情形作为练习指标，待完全成熟后，在实际比赛中如遇到同样状况，就不会手足无措。技术是一切战术的基础，只有在实战练习中将个人技术与进攻战术相结合，才能真正发挥进攻手段的作用，本章主要从挥击球、触击球和跑垒三个方面来阐述进攻基本战术。

第一节　挥击球战术

一、牺牲打

击球员要尽量把球打成深远高飞球，牺牲自己上垒得分的机会，而将垒上跑垒员安全送到下一垒位或得分。

（一）目的

以牺牲击球员为代价，争取让三垒跑垒员跑回本垒得分。

（二）战术要求和注意点

①二人出局以前，三垒有人使用。

②击球员有打远能力，最好是有上挑击球习惯的击球员。

③尽量选择高好球打。

④当击出外场高飞球时，跑垒员应立即回垒，做好冲本垒准备。注意防止离垒过早。

二、自由打

击球员通过击球尽量使自己能够安全上垒或得分。

（一）目的

通过自己的自由击球造成防守队员失误或安打，使自己或跑垒员上垒、进垒或得分。

（二）战术要求和注意点

①当垒上无人或二人出局时，常采用自由打战术，而上垒触击则少用，故进攻战术较简单。

②当垒上有人，二人出局以前，进攻战术手段可多种多样。好的击球手可大胆采用自由击球，创造更多的进垒和得分机会。

③选好球打，尽量打成平远的球路，不要为了争取“四坏球上垒”而不动棒。

三、跑而打

这是在垒上有跑垒员时非常常见的战术。垒上的跑垒员在投手出手时起跑，击球员挥击来球。由于跑垒员起跑便是盗垒，二垒手或是游击手必须到二垒来补位接手的传球，内场守备就会出现漏洞，击球员将球击出，试着打到内场防守的漏洞而成为安打。另外，打而跑的时机大多是在投手球数落后时（坏球多于好球）执行，因为投手在球数落后时会有必须投好球的压力。

（一）目的

①主要是通过一垒跑垒员的盗垒，诱使二垒手或游击手跑向二垒，造成空当，击球员向空当击出地滚球安打，达到安全上垒或连续进垒。

②避免双杀。

（二）战术要求和注意点

①常用于一垒有人局面；有时二垒或三垒有人也可冒险使用，以达到攻其不备的目的。

②尽量在投手投好球的情形下进行“打而跑”战术，如三球无击、二球无击等。

③一垒跑垒员在投手启动投球的，立即冲向二垒并做好进三垒准备。若二垒有人，要做好冲本垒准备。

④无论好坏球，击球员必打，并尽量击成地滚球。一般情况下，外角球往二垒手方向打，内角球往游击手方向打（右击者）。

⑤不要全力挥棒，应采用中击方式击球，即可用 6 成左右力量击球。

⑥选择善打中击的击球员，可提高战术成功率。战术的成功关键在于击球员。

⑦在三垒有人投手必投好球的情况下，采用“打带跑”战术能提高击球员的击球欲望，克服胆怯心理，集中精力击球。三垒跑垒员要待击出安打才进垒。

⑧此战术具有很大的进攻性，也有一定的危险性，当击出高飞球时，可能造成双杀。

四、跑而打

这是在一垒有跑垒员时非常常见的战术。垒上的跑垒员在投手起动投球时，迅速跑向二垒，这时击球员无论投手投来的是好球还是坏球都要去挥击来球，来掩护一垒跑垒员安全进到二垒，如果击球员的击球成为安打，跑垒员有得分的可能，击球不成功则有被双杀出局的危险。

（一）目的

通过一垒跑垒员的假盗垒，引诱二垒手和游击手跑向二垒，继而把球击向空当，为跑垒员和击球员创造双进垒的机会。

（二）战术要求和注意点

①此战术一般不需暗号联系。

②跑垒员在投手投球时先假盗垒（如故意多跑几步），诱使二垒手和游击手向二垒靠拢，当球击向空当或打出地滚球时，才快速偷向二垒，并做好偷三垒准备。

③太坏的球击球员可以不打，或者挥空棒起到掩护跑垒员的作用。

五、打第一球战术

投手为了使击数多于球数，往往有给击球员投第一好球的习惯，这时，击球员可运用这种机会打第一个好球。一般在比赛的头几局中运用此战术较适宜，因投手可能会改变战术。

六、打最后一球战术

当场上出现“二击三球”“一击三球”时，投手往往要投好球，击球员可以主动去打这个投球。若是投手控球能力下降，就要选四坏球上垒，坏球则不要轻易挥棒。

七、假触真打

为了战术能够运用成功，击球员先做出触击球的假动作，引诱防守队员缩小防守范围，再采用挥击球的动作把球击出去。

（一）目的

引诱内场手前冲，缩小对方的防守范围和距离，通过打过头球或突破球达到安全上垒或进垒得分的目的。

（二）战术要求和注意点

①适合投手球速不是很快，击球员击球基本功熟练，有良好的转换击球方式的节奏，时机掌握准确，临场经验丰富。

②球即将出手时，突然摆出触击姿势，引诱一、三垒手前冲。

③球运行 1/3 距离时，快速收棒，若球为好球，尽量将球打成平直球。

④眼睛注视内场手的移动情况，最好在一、三垒手前冲惯性大或急停瞬间将球击出。

⑤若一、三垒手没有前冲，可提前收棒，准备长打或再改为触击。

⑥适合任何局面。

八、打界外球

为了战术需要或保护垒上跑垒员不被杀出局，击球员采用的一种击球方式。

（一）目的

由于来球是不擅长打的球或判断错误的球，可以通过切球的方式击出界外球，防止打出容易接住的球。

（二）战术要求和注意点

①二击以前，可通过挥空棒来逃避。

②二击时，只能通过切击的方式打出界外球。要求内角球就拉，外角球就推。

第二节　触击球战术

一、牺牲触击

牺牲触击又称牺牲短打，是最保守的战术之一。击球员摆出短棒触一下来球，掩护垒上的跑垒员推进到得分垒，而自己有被杀出局的危险。这种战术在亚洲棒球界（日本、韩国、中华台北）随处可见，但是在美国比较少见。触击战术的执行者绝大多数都是没有长打能力的击球员。

（一）目的

击球员通过触击，以牺牲自己为代价，使跑垒员多进一个垒位。

（二）战术要求和注意点

①二人出局以前使用，战局要求急于谋求一分。

②击球员不是强打手，但擅长打触击。

③必须选好球打，而且要触击成地滚球。

④跑垒员要看到球落地才能起跑进垒。

⑤战术能否成功关键看击球员，只要球落地战术触击就成功。

二、假触真打

由于牺牲触击需要一垒或三垒手快速向前推进去接球以刺杀跑垒员，往往会造成内场后方防守出现漏洞。这种战术就是抓此弱点，击球员先摆出触击姿势，引诱内场防守趋前，在投手投出球后迅速摆回正常打击姿势将球击出，试着打到内场防守的漏洞，进而穿出内场形成安打。

（一）目的

引诱内场手前冲，缩小对方的防守范围和距离，通过打过头球或突破球达到安全上垒或进垒得分的目的。

（二）战术要求和注意点

①击球员基本功熟练，有良好的转换击球方式的节奏，临场经验丰富。
②在球即将出手时，突然摆出触击姿势，引诱一、三垒手前冲。
③眼睛注视内场手的移动情况，最好在一、三垒手前冲惯性大或急停瞬间将球击出。
④若一、三垒手没有前冲，可提前收棒，准备长打或再改为触击。

三、上垒触击

击球员采用挥击的击球动作，在投手球出手的一刹那改为触击的动作。

（一）目的

通过出其不意地触击使自己达到上垒的目的。

（二）战术要求和注意点

①守方防触击能力差且一、三垒手防守靠后。
②选好球触，尽量触击成地滚球。
③最好边触击边起动。
④投手球速快，无把握自由安打或无信心长打。
⑤熟练掌握触击技术。触击时，动作要隐蔽，绝不能过早暴露意图，最好球出手后再摆出触击动作。

四、假触击

摆出触击球的动作，等投手球出手后不要用棒碰触来球，造成触击的假象。

（一）目的

引诱三垒手前冲，促使二垒跑垒员偷进三垒。

（二）战术要求和注意点

①常用于二垒有人，二击以前使用。
②在球出手时，突然摆出触击姿势，引诱三垒手前冲。
③触击时，最好触成空棒，不要收棒。
④二垒跑垒员在投手有投球的开始动作时，立即抢占三垒。
⑤击球员不要过早暴露触击的意图。

五、强迫抢分触击

这个战术在球队迫切需要分数时就会见到。在三垒有跑垒员，无人出局或是一人出局的情况下，投手投出球时跑垒员起跑，击球员突然摆出短棒触击，把球击出，防守员尚未来得及防守时跑垒员以最快速度冲回本垒得分。若击球员未触到球，跑垒员则有被杀出局的危险。因此这个是十分危险的战术，不仅需要跑垒员的脚程，更需要击球员的触击技巧。

（一）目的

以牺牲击球员为代价，争取使三垒跑垒员抢本垒得分。

（二）战术要求和注意点

①二人出局以前，三垒有人使用。
②二击以前使用，二击时少用。
③无论好坏球都触，无把握触击成地滚球时，可触界外球(二击以前)。
④在球出手时再摆出触击姿势，不宜过早暴露意图。
⑤尽量把球触落地再启动跑，不宜边跑边触。
⑥在开赛的前两局为争取得分领先及在最后两局为争取得分打成平局或领先取胜时采用。
⑦当教练员发抢分触击信号时，跑垒员必跑(在球出手时抢本)打者必触。
⑧在球多于击时(如二球无击、三球一击等)，投手多数投好球，抢分战术较易成功。
⑨当比赛接近结束，比分落后多分时，少用抢分触击，应以长打为主，争取多得分。

六、试探触击

和假触击相似，不同的是击球员要根据场上防守球员的变化来判断触还是不触。

（一）目的

通过触击收棒了解内场手的防守阵式变化。

（二）战术要求和注意点

①在球出手时，突然摆出触击姿势，眼睛观察内场手的位置变化。

②在球快接近本垒时突然收棒，注意收棒时不要和球交叉，否则无论好坏球都判一击。

③一般在无击时使用。

④在了解防守阵型变化以后，可采用假触真打或触击战术。

⑤要将球击向防守出现弱点的地方，故要求击球员要有好的击球基本功。

七、触打触

击球员摆出触击球的动作，根据防守球员的跑位变化再改成打触击的动作把球击出。

（一）目的

引诱防守球员突停，在重心起伏瞬间改成打触击，达到上垒和进垒的目的。

（二）战术要求和注意点

①适合投手球速不是很快，打者是弱棒，但触击能力强，善跑，经验丰富。

②投手出球之前摆出触击动作，引诱内场手前冲，然后突然收棒，内场手前冲急停，这时改打触击。只要一、三垒手重心前后起伏，触击球落地，此战术的成功率就高。

③若内场手不前冲或前冲速度很慢，可改打“假触真打”或不改变击球方式直接触击。

④当假触真打失效时，可采用触打触战术。

八、推触

触击是采用等球触棒的击球，而推触是主动用棒去碰球。

（一）目的

当内场手前冲速度较快或防守靠前时，通过触击成过头球或突破球，达到上垒、进垒和得分的目的。

（二）战术要求和注意点

①适合投手球速较快，打者是弱棒，但擅长打触击。

②当球将出手时，摆出触击姿势，引诱内场手前冲或靠前防守，同时，注视内场手的移动情况。

③选好球触。当投来高好球时可推触击成过头球，低好球最好往内场手之间的空当推成快速地滚球。

④内角球往三垒方向推触，外角球往二垒方向推触(右击者)。

⑤推触前手臂要充分弯曲，触球时手臂要充分伸直，但不能机械僵硬，要富有弹性。

九、安全抢分触击

由于抢分触击的隐蔽性和突然性特点，因此击球员不能过早暴露意图，不能过早做出触击的动作，必须把球触击成地滚球，使三垒跑垒员安全回到本垒得分。

（一）目的

通过触击安打，使三垒跑垒员安全回到本垒得分。

（二）战术要求和注意点

①擅长打触击。

②选好球触，采用推触技术。

③最好将球推触到投手与三垒手之间的空当，这有利于三垒跑垒员判断是否安打或是否能下本垒。

④三垒跑垒员在球出手时多离几步，若判断能下本垒得分再全速抢本垒。即使

不能下本垒也要尽量掩护击球员上一垒。

第三节　跑垒战术

一、单偷

垒上的跑垒员速度快时，偷垒是最快推进至得分圈的方法。跑垒员在投手出手时起跑，接手接到球必须传向跑垒员的目标垒包以阻止偷垒。若是跑垒员捷足先登则偷垒成功，反之球先到则跑垒员被触杀出局（除非跑垒员巧妙地躲过对方防守球员的触杀）。通常投手的球速慢时，偷垒容易成功。

（一）目的

抢占下一垒位。

（二）战术要求和注意点

①偷者速度快、跑垒意识强，反应灵敏。

②善于抓住投手和捕手的动作弱点，如投手投球动作慢，球速慢，捕手动作慢传球不准等。

③击球员要有掩护动作，如站位靠后、挥空棒、假挥棒等。

④要善于抓住防守的失误盗垒或连续进垒。

二、双偷

双偷是偷垒的一种，垒上有多数跑垒员时（满垒时除外），让跑垒员在投手出手时一起起跑，考验捕手的反应力。若是跑垒员在一、二垒，如成功则跑垒员就会推进至二、三垒。若跑垒员在一、三垒，那么一垒上的跑垒员若是偷垒，捕手会有所顾忌，因为若是传球到二垒，三垒上的跑垒员很可能会偷回本垒。

（一）目的

造成多人进垒、掩护三垒跑垒员抢本垒得分或造成由封杀转为触杀的有力局面。

（二）战术要求和注意点

内场手的传接球能力差，防守意识不强。可根据个别位置的防守薄弱进行相应的偷垒。如一、二垒有人接手传球能力差，当接手向二垒传球时，二垒跑垒员可抢占三垒。

双人偷垒时，后位跑垒员要有意多离垒（或回垒时有意摔倒），当防守员向后位跑垒员传杀时，前位跑垒员趁机抢下一个垒位。在传杀过程中，前位跑垒员要积极抢占垒位，宁愿后位跑垒员被杀出局也不要造成前位跑垒员出局。

三、偷本垒

偷本垒是最危险的偷垒，也是最少见的偷垒。当攻方落后或比分打平时采用的一种冒险得分的战术。往往在投手是左利手的情况下实行，因为左投手是背对着三垒。与一般偷垒不同的是，跑垒员并不是在投手出手时起跑（因为那样就等于是在跟球赛跑，人是跑不过投手投出的球的），而是抓着投手投球之间的空当开始冲，投手因为背对着三垒，无法第一时间发觉，借此偷回本垒得到一分。

（一）目的

全力夺取一分，达到打平或打赢的目的。

（二）战术要求和注意点

①离比赛结束还有 1 局或 2 局，比分仍平局或落后一分。

②击球员为弱棒，无信心击球，一击或二击，三垒有人，已二人出局。

③投手正面投球或投球动作慢，球速一般，又缺乏警惕。

④只要投手一有开始投球的动作，三垒跑垒员就全速冲本垒和扑垒，强取一分。

⑤若是二击球员最好挥一空棒，干扰接手的上前接球触杀，一旦接手在击球前上前接杀，判接手妨碍击球，三垒跑垒员安全得分，击球员安全上一垒。

⑥若是二击，投来的是好球，只能靠打；投来是坏球，要有假挥击动作。

⑦三垒跑垒员偷入本垒很冒险，成功的可能性很小，故攻方在万不得已的情况下才能采取此战术，不宜多用。

四、一、三垒有人的进攻

对防守而言，一、三垒有人兼有封杀、触杀、双杀等局面，且配合复杂。对攻方而言，此局面进攻战术较多，可以说任何一种进攻战术都适用，只要将球击出、触出或采取掩护等战术，皆有得分机会。下面介绍一掩三偷的跑垒战术。

（一）目的

一垒跑垒员假意向二垒跑进，当防守球员把注意力都放到一垒跑垒员身上时，三垒跑垒员趁机跑回本垒得分。双方比分相等或接近，比赛临近结束，通过一垒跑垒员的掩护，使三垒跑垒员偷本垒成功。

（二）战术要求和注意点

①投手球出手时，一垒跑垒员才起动，不必全速，只要引诱接手向二垒传球，此战术就成功一半。

②一垒跑垒员的目的不是到达二垒，而是掩护三垒跑垒员抢本垒得分，故要创造有利机会，使三垒跑垒员得分。如造成夹杀，有意向垒线外躲避，使触杀者惯性向外偏或促使追触者加大前伸触杀幅度等。当发觉转向传杀本垒时，应做好上二垒偷三垒的准备。

③三垒跑垒员全力做好冲本垒准备，一旦有机会，就毫不犹豫地抢本垒，如捕手传球过高、球已过拦接者、追触者失去重心、夹杀时球由一垒向二垒方向传等，这些都是偷本垒的机会。

④二人出局时，三垒跑垒员力争抢在一垒跑垒员出局之前先得分，否则得分无效。作为一垒跑垒员，在出现夹杀时，尽量延长夹杀时间，促使三垒跑垒员得分在先。

五、进攻的跑垒意识

跑垒意识主要指根据垒上情形、防守特点、击球方向和落点的跑垒意向反应，是高水平棒球运动员必须具备的棒球素养。只有通过实战练习和比赛，才能培养出来，一般的训练是无效的。下面介绍二人出局前的常规跑垒意识。

（一）垒上无人

①击出内场球全速冲一垒，并服从一垒指导员的指挥(手势、口语)。

②击出外场手前面球，采用P形跑法，做好冲二垒准备，并服从一垒指导员指挥。若击出右外场方向，可由自己决定跑垒数。

③击出外场突破球，全速冲二垒，并根据三垒指导员的指示做好冲三垒准备。若是击出中、右外场手安打球，跑速快的话，大胆冲三垒，并服从三垒指导员指挥。

（二）一垒有人

①击出外场手前面安打球，采取P形跑法，冲过二垒，并服从三垒指导员的指挥。若是中、右外场手前面安打，大胆冲三垒。

②击出外场手之间突破球，大胆冲三垒，并做好抢本垒准备。

③击出左外场球，可由自己决定跑垒数。

（三）二垒有人

①击出一、二垒手之间的地滚球，穿过投手背后球，二垒手、游击手之间地滚球，游击手稍远的左侧地滚球，都可大胆冲三垒。

②击出三垒手、游击手之间的地滚球，大胆多离垒几步，若三垒手扑接，可考虑是否进三垒，若球传向一垒，则要毫不犹豫冲三垒。

③一垒背后高飞球，做好冲向三垒的准备。

④击出中、右外场手的高飞球，做好冲三垒的准备。

⑤二人出局时，二垒跑垒员的任务是冲本垒。

（四）三垒有人

①击出一、二垒之间的地滚球，穿过投手的背后球，应大胆冲本垒。

②只要二垒手、游击手有扑地接地滚球，可考虑抢本垒。

③击出外场高飞球，做好抢本垒准备。

④为了争取多得分，当击出三垒手、游击手、二垒手之间的地滚球时，不用抢本垒，可掩护击球员上一垒。

（五）一、二垒有人

①此局面二垒跑垒员要观察内场防守站位，当投手向本垒投球时，应大胆多离垒几步，防止被封杀出局。

②若二垒跑垒员跑速较慢，一垒跑垒员速度较快，球穿过二垒手和游击手之间的地滚球，防守是困难的，这时二垒跑垒员冲本垒，而一垒跑垒员也较易达到三垒。若一垒跑垒员速度慢于二垒跑垒员，则防守是较容易的，此时应主要控制一垒跑垒员上三垒。

③只要是球传本垒，一垒跑垒员应大胆抢占三垒。

（六）一、三垒有人

①若一人出局，击出地滚球，为避免双杀，三垒跑垒员要有拖延双杀时间的意识和职责，如假抢本垒、原地快跑等。

②当击出内场地滚球或外场高飞球，传杀本垒时，一垒跑垒员要全速上二垒，并做好抢三垒准备。

③击出中、右外场安打球，大胆冲三垒。

④若守方明显用二垒手拦截的防守战术，可采用“跑而打”战术。

（七）二、三垒有人

①若击出内场手正面地滚球，要有掩护击球员上一垒的意识，如原地快跑、多一些离垒等。

②遇弱棒击球，可采用“换位置”的战术（必须事先有暗号联系），即当击出地滚球时，二、三垒跑垒员都抢垒，守方有时只顾二垒跑垒员而忘记传杀三垒跑垒员，达到“出奇制胜”双安全的效果。

（八）满垒

①后位跑垒员多离垒、多出声、干扰投手的集中力，若投手控制能力下降或心理素质差，击球员可多选球，制造四坏球。

②击出外场高飞球，并传杀本垒时，后位跑垒员应积极进垒。

第五章 CHAPTER 05

防守基本战术

棒球比赛有 8 种垒上局面，击出的球有 2 种，击出球的落点位置有 9 个，故能出现 144 种的基本局面 ($8\times2\times9=144$)。若再加上人的因素 (即 9 名场上队员特点和教练员特点) 则更加复杂。可见棒球的防守战术复杂多变。本章主要讲述防守基本战术中的防偷垒战术、防触击球战术、双杀战术和投手投球战术。

第一节　防偷垒战术

一、防单偷

当接手预感或发现跑垒员有盗垒意图，守方对策如下。

①配外角高坏球战术暗号。

②投手加快球速。

③接手半蹲接球，重心前倾，步法简练，出手快，球路平直，传准触杀位。

④接手要集中思想接球和传杀，不要受击球员用棒干扰或假触击的影响。

⑤二垒手、游击手要事先确定好谁进二垒、谁补漏，并逐渐靠近二垒位置。若二偷三，三垒手回垒要及时，游击手补漏。

二、防双偷

当垒上有两名跑垒员时，攻方后位跑垒员有意离垒过多，引诱接手传杀，这时前位跑垒员趁机盗垒，守方转向传杀前位，后位跑垒员继而上垒，造成双偷垒成功。守方对策如下。

①当后位跑垒员有意离垒过多时，接手不能急于传杀。

②因攻方若采取双偷垒战术，击球员不会击球，这时捕手接球后快速起身追杀离垒过多的后位跑垒员，同时注意前位跑垒员动向。

③最好迫使后位跑垒员向前垒位靠近，造成同一垒位有两名跑垒员，这时只要持球轻触后位跑垒员就出局。

④当捕手追近后位跑垒员时 (10 米左右)，跑垒员仍未回垒，可立即传杀，同时注意前位跑垒员的动向；若前位跑垒员离垒过多，则重点转向传杀前位跑垒员。

⑤这时外场手向前移动，内场手注意回垒，因可能造成夹杀或双夹杀局面。

三、防三偷

这是攻方满垒时，引诱守方传杀后位跑垒员，制造三垒跑垒员盗垒，从而本垒得分。守方对策同防双偷。

四、防偷本垒

攻方为强取 1 分达到打平或打赢的目的。

最后一、二局，已二人出局二击，击球员为弱棒，三垒跑垒员孤注一掷抢本垒，击球员假挥棒。守方对策如下。

①加快投球动作和球速，或在投球起动前发现偷本垒，可先撤板再传杀本垒。

②因击球员已经二击，只要投好球，捕手接住，判击球员三击出局，三垒跑垒员得分也无效。

第二节　防触击球战术

一、防触击球

一人出局或二人出局以前，垒上有人（三垒有人除外），攻方可能会采用牺牲触击。守方对策如下。

①内场近防，但不能过早暴露。

②捕手配高好球或似好非好的高球，造成触击成小高飞球。

③捕手注意指挥触击球的传杀方向，没把握传杀前位就传杀后位。

二、防抢分触

二人出局以前，三垒有人，攻方有抢分意图。守方对策如下。

①捕手配内高坏球，加强击球员触击难度，既触不好球又易触成界外球。也可

往击球员的小腿投，这时击球员会跳起躲避，接手接住球后顺势触杀跑垒员。若为左打，可配较偏的外高坏球，使击球员碰不着球。

②三垒手要尽量使三垒跑垒员少离垒。三垒手先有意离开三垒，待投手合掌时，突然回垒并提示投手牵制球，引诱跑垒员回三垒或重心移向三垒，这时投手迅速投球。

③内场手全部收缩防守，但不能过早暴露。

三、防上垒触击

如守方投手较强，击球员较弱，跑速快又是左击者，当垒上无人时，要防止上垒触击，守方对策如下

①内场手稍中防或近防。

②配外角高球，因左击球员的上垒触击往往采用边跑边触，用前交叉起动触击，不易打外角球，尤其是左投手投滑球或外曲下坠更难打。

③二垒手的守位稍靠一垒，并注意补一垒。

四、防假触击

当二垒有人，攻方会假触击，引诱三垒前冲，二垒跑垒员趁机偷三垒。守方对策如下。

①配内角高坏球(右击者)。

②捕手接球后用传三垒的步法迅速传杀三垒。

③当游击手发现二垒跑垒员有偷三垒意图时，要大声提醒三垒手回垒或游击手补三垒。若三垒手回垒快，游击手要在三垒手后方补漏，防止球穿过三垒滚向场外。

五、防跑而触

当一垒或二垒有人时，遇上善于触击的击球员和脚程快的跑垒员，攻方会使用此战术。守方对策如下。

①垒上有人(除三垒有人外)，二人出局以前。

②捕手配内高坏球使之击不好球或配较偏的坏球，触不到球应快速传杀盗垒者。

③封杀局面，二击三球要配高好球。

④若一垒有人，要防止跑垒员下三垒，投手或三垒手注意只回三垒，接手和游击手指挥好局面。

六、防假触真打

在垒上有人时，利用触击引诱内场手前冲，然后突然改变击球方式，击出突破球，打乱守方阵型，达到安打上垒目的。守方对策如下：

①若攻方摆出触击的时间过早，可判定为引诱触击或试探触击，这时守方的内场手不要急于前冲，应缓慢前移。

②也可通过配球破坏假触真打战术。如一垒有人，二人出局以前，配外角低球，三垒手可前冲多一点防触击，其他内场手根据球击出来的情况进垒和防守，若配内角球，一垒手可前冲多一点。

七、防推触

二人出局以前，当守方投手较强时，攻防采用的一种战术。守方对策如下。

①当发觉攻方有推触意图时，一、三垒手可稍前移，但投手务必缓前移，以防球突破一、三垒手。

②当一垒有人，二人出局以前，可通过配球来防推触，即配内角慢球或中速球，投手、三垒手、游击手重点防触击，一垒手和二垒手正常防守，并做好回垒准备，即二垒手回二垒，一垒手回一垒，做好双杀或封杀击跑员准备。

八、防二垒有人的牺牲触

二人出局以前，二垒有人或一、二垒有人，采用牺牲触击送二垒跑垒员下三垒。守方对策如下：

①配内角高球，使击球员将球击向投手和三垒方向。

②二垒手在二垒附近牵制跑垒员，尽量使之离垒少。

③三垒手假前冲两步，投手球出手后马上回三垒，游击手收缩防守，但不能过早暴露，待投手球出手时，全力前冲本垒，并和投手一起防三垒方向的触击球，接球后立即传杀三垒。或者游击手快速补三垒，三垒手和投手负责处理三垒方向的触击球。

④若配球不准，使球击向一垒方向，投手和一垒手根据情况交叉互补一垒封杀击跑员，这时捕手要务必指挥传杀方向。

第三节　双杀战术

一、双杀

此战术是在无人出局或一人出局的条件下使用，守方为了交换攻守尽快使攻方的击球员和跑垒员出局的战术。具体条件如下。

①当一垒有人，二出局前，右击者。捕手配内角低球，使球击向游击手容易双杀；游击手调整好双杀守位，二垒手稍靠二垒；三垒手注意防三垒边线安打球。

②当一、二垒有人，无人出局时，可重点打三垒和一垒双杀；一人出局，可重点打一、二垒双杀。当然还要根据球击出的方向、位置选择最佳双杀战术。例如：球击向三垒包附近，无论是一人出局还是无人出局，三垒手应马上接球后踩垒包封杀三垒，然后传杀一垒。若是球击向三垒手的左手方向，则接球后马上传杀二垒和一垒，这时若转身先传三垒，往往来不及双杀。若球击向三垒、游击三角地带，注意交叉补三垒。若球击向二垒附近或一、二垒之间，只能打一、二垒双杀，打三垒封杀往往来不及。

③当满垒时，无人出局可重点打本垒和一垒双杀；已有一人出局，球击向二垒附近，重点打一、二垒双杀。

④当决定打双杀战术时，接手务必配低球造成击球员打地滚球。

二、假传真杀战术

此战术是在二人出局以前，二垒或三垒有跑垒员的情况下使用，目的是尽可能把前卫跑垒员或离本垒近的跑垒员触杀出局。具体条件如下。

①二垒或三垒有人局面，二人出局以前。

②击出内场地滚球。

③假传一垒，引诱跑垒员多离垒，然后快速转向传杀前位跑垒员的偷袭。

④假传动作慢，真杀动作快。

⑤假传时可用眼睛余光观察前位跑垒员的离垒情况，若离垒不多，则封杀一垒。

⑥也可假传杀前位跑垒员，真杀击跑员，目的是防止前位跑垒员的偷袭。

三、要出局数战术

此战术在大比分领先、为了尽快结束本局交换攻守的情况下经常使用。具体条件如下。

①本方比对方领先多分或为了稳住防守局面。

②垒上有人，二人出局以前。

③重点传杀或接杀击跑员，要出局数，即使前位跑垒员多进一个垒或得分也无关紧要。例如：三垒有人，打出较远的界外外场高飞球，也要全力接杀。

④这时内外场的防守以深防为主，加强守备。

四、杀前位跑垒员战术

此战术用于二人出局以前，双方比分接近，为了控制对方难于得分甚至不得分的情况下使用。具体条件如下。

①垒上有人，二人出局以前。

②双方比分接近。比赛接近结束(第8、9局)。

③为了不让攻方跑垒员进垒或得分，守方全场收缩防守。若封杀局面，打出内场地滚球，守方全力封杀前位跑垒员；若非封杀局面，打出外场高飞球(外场近防)，接杀后全力传杀前位跑垒员。

④打出界外外场高飞球，若接杀后不利于传杀前位跑垒员，外场手放弃此球。

五、防打而跑战术

攻方为了尽快进占得分垒位或离得分垒位更近一些，经常采用的一种冒险战术，几乎是同时在击球员挥棒击球后跑垒员迅速跑向下一个垒位。守方对策如下。

①攻方局面：垒上有人，二人出局以前。一垒有人，采用打而跑战术较常见。

②守方根据球和击的比例，配高好球或高坏球。

③若配内角高球(一垒有人)，游击手正常防守，二垒手稍靠二垒(右击者)；若配外角高球，则相反。

④若一垒有人，则二垒和游击手不能过早进二垒，应待球击出后再快速进垒。

⑤投手要加快球速，不能投慢球。

⑥封杀局面，二击三球要尽量配好球。

六、防跑而打战术

攻方为了尽快进占得分垒位或离得分垒位更近一些，经常采用的一种冒险战术，在跑垒员迅速跑向下一个垒位的同时，击球员必须挥棒击球来掩护跑垒员进占下一垒位。守方对策如下。

①接手配高好球，使击球员击出高飞球。

②接手也可配外高坏球，接球后快速传杀一垒。运用此战术之前，投手、一垒手、接手一定要用暗号联系好。

③二垒手、游击手等球击出后再进垒。

④也可配内角低档球打双杀战术 (右击者)。

第四节　投手投球战术

一、直线球与变化球

当攻方打击能力较弱时，投手一般以直线快球为主。当攻方打击能力较强时投手就会在直线快球的基础上增加变化球。具体解释如下。

①直线快球：最基本的球路，笔直通过本垒板上空，以球的速度挑战击球员的挥棒速度。

②非直球的球路就是变化球，分为以下几种。

a. 变速球：会改变速度的球。迷惑击球员的出棒时机。

b. 伸卡球：飞行途中会下坠的球，让击球员挥空棒或是击出软弱的滚地球。

c. 曲球：大幅度的变化球，球先上升然后下坠，飘进好球区，迷惑击球员的视线。

d. 蝴蝶球：更大幅度的变化球，跟曲线球类似，但是比较轻，下坠幅度更大，打出去的球也比较无力。

e. 指叉球：没有什么旋转的球，到了本垒前面会大幅度下坠，由于球没有旋转因此不容易抓击球点。

f. 快速指叉球：指叉球的变异球种，速度快，球质轻，击球员更不容易掌握。

g. 滑球：进本垒时会左右移动的球。

一个投手所拥有的球路大多是直线球加上两三个变化球。如何搭配球路则是捕手的工作。搭配球路的方法千变万化，不胜枚举。比如，让投手连续投几个直线快球，然后忽然投个变速球，击球员就措手不及容易挥空棒；或连续投外角的球，突然往内角投一个球，击球员也会措手不及。搭配球路的方法主要是能够迷惑击球员，不让击球员击出球或是让击球员击出容易防守的球。

二、坏球战术

在攻方的击球员急于挥棒打击或击球能力较强的情况下，投手经常采用的战术。具体解释如下。

①守方畏惧击球员的威力，垒上有跑垒员，但是一垒没跑垒员时，守方教练可能会下达故意投坏球战术，或直接送四个坏球给击球员，造成封杀局面。

②若是这一棒威力并不大但是克投手（一般而言左打克右投，右打克左投），而下一棒却不克的时候，故意投坏球也是可行的。

三、造四坏球上垒战术

在攻方的击球员打击能力强时或者为了造成有利于守方的局面时常用的一种战术。具体解释如下。

①当攻方二、三垒有人，又遇强击者击球，本方投手制球力和球速相对弱的情况下，可故意投四个坏球，造成满垒和封杀局面，便于防守。

②当一垒有人，一人出局，遇到强击者，但强击者的下一棒是弱棒时，可以四坏球保送该强击者，去全力对付下一棒弱击者。

第六章 CHAPTER 06

棒球练习方法及其常见错误动作纠正

第一节　接传球

棒球的练习方法有很多，初学者通常从接传球开始练习，先学接球，然后再学传球，最后传接结合，相互提高。初学者在练习时难免会出现各式各样的错误动作，老师一定要总结出纠正错误动作的练习方法，帮助初学者尽快掌握正确的技术动作。

一、接传球基本技术练习法（以右传者为例）

（一）自抛自接

1. 目的

体会盯球、球感、球路、球向、提高空间感觉和判断能力。

2. 要求和注意点

①向空中自抛自接，高度由低到高。

②先原地练习，后行进间练习。

③先徒手练习，后戴手套练习。

④先用一球练习，后用两球练习，以增加难度。

⑤先用自然接法，后用左手掌接，右手护球，注意缓冲，防止受伤。

（二）自传自接

1. 目的

主要体会接地滚球、反弹球的手法、步法，提高接传球转换速度，也可作为传准的练习手段。

2. 要求和注意点

①对墙练习，距墙 3~10 米。

②先徒手练习，后戴手套练习。

③先跪传练习，后站立练习。

④先在墙上画一记号，与胸齐平，后在墙上画上多个记号，提高传准能力。

⑤为增加难度，可左右高低对墙传球，让球反弹后改变方向，再去接，提高左右移动能力，体会步法、手法。

⑥先要求球反弹多次后再接，后要求球反弹一次就接。

⑦计时达标，提高接传球转换速度。

⑧可用与硬式棒球相类似的网球、小皮球、小垒球、软式球等练习。

（三）对挡网传

1. 目的

通过多球练习，增加强度、密度，提高接传球基本技术，纠正错误动作。

2. 要求和注意点

①最好用 30~60 个球。

②两人一组，一人抛，一人接传。

③抛球人要有针对性地抛各种类型的球，同时接传球人可要求抛球人抛何种类型的球。

④离挡网的距离为 3 米、5 米、7 米、10 米、15 米等皆可，也可远距离传球，提高传准能力 (网上要有目标)，体会用力感。

（四）十字型练习

1. 目的

体会步法。

2. 要求和注意点

在地上画一个十字，练习者站在交叉处。先徒手前后左右练习步法，后用球练习。

（五）原地站立传球

1. 目的

体会转腰、重心移动和手臂动作。

2. 要求和注意点

①两脚分开，与肩同宽；练习时，两人一组，两脚不动，上体转动，体会转腰

和手臂接传球的运行轨迹（注意内场和外场传球时手臂轨迹的区别）。可先徒手练习，后用球练习。

②方法基本同上，但两脚要转动，重点体会重心移动。练习时，要左右转体；接球时，重心在中间；右转时，重心转向右脚，左脚跟提起；传球时，左转，重心移向左脚，右脚跟提起。

③练习一段时间后，用正规步法、手法进行有球练习。

（六）跪传和蹲传

1. 目的

体会上体转腰和手臂出球、随摆的正确的动作。

2. 要求和注意点

①两人一组，距离 6~10 米进行有球练习。

②传球要平直，球速适中。

③随摆时，右手臂要触到左膝。

④跪传时，右膝跪地或双膝跪地。

（七）手套绕圈练习

1. 目的

体会接球时的手法。

2. 要求和注意点

①重点掌握左右上下接球的手法。

②先体会无球的原地练习，后进行有球练习。无球练习时，要顺时针和逆时针绕圈，以检查手法是否正确，在绕圈过程中突然叫停或听信号做手法练习。

③绕圈速度由慢到快。

④练习一段时间后，两人一组，相距 4~6 米，一人抛，一人练习手法和步法。抛的球速由慢到快。

（八）手腕手指练习

1. 目的

通过扣腕拨指，体会正确的出球动作。

2. 要求和注意点

①两人面对面站立，两脚与肩同宽，距离 5 米左右，进行不戴手套的有球练习。

②传球时，用左手托住右肘，右肘与右肩同高；以右肘为轴，靠腕力和指力将球传出。

③接球时，用双手接球，再同上要求将球传出。

④练习一段时间后，可不用左手托住右肘，但其他要求一样。

（九）徒手接传球

1. 目的

体会双手接球和球感，也可作为纠正单手接球错误动作的方法。

2. 要求

①两人一组，相距 5 米站立，两脚与肩同宽。

②接球时，左手五指并拢，手掌似平板并垂直于地面，为了不使球滑落，要用右手护球。

③接球后，靠手腕、手指和前臂用力将球传出，力量不宜过大。

④只用球，不戴手套，练习一段时间后可用手套。

（十）在平地上抛接球练习

1. 目的

稳固接地滚球时的正确步法，体会双手接球和缓冲，也可作为加强腿力的练习。

2. 要求和注意点

①两人一组，相距 5 米，先做不戴手套的有球练习，后加手套进行练习。

②在抛接球过程中，两人始终保持接地滚球时的正确姿势。

③用双手接球，注意接球点、两脚正确站法和缓冲。接完球后直接单手将球抛出，球务必贴地滚动。

④抛球时不用垫步，先正面抛球，后两侧抛球，练习两侧移动接球，接球者务必对正来球。

⑤此练习两腿属于静力收缩，较易疲劳，抛接 15~50 个球后要休息 1 分钟。

（十一）二人对传

1. 目的

通过完整、正规的接传球练习，提高接传球能力。

2. 要求和注意点

①重点体会手法、步法、重心移动、距离感、空间感和球感。

②两人一组，距离由近至远，最后收近快传，距离远近根据自身水平而定。

③先传接平直球、抛物线球再远传。远传可加 2~3 步助跑，并可练接传一跳球。

④收近传时，要求先平直球快传；然后过渡到接传地滚球、反弹一跳球。

（十二）多球练习法

1. 目的

通过强度、密度，提高接传球能力，形式要多种多样。

2. 练习手段

①四人一组，其中每两人一小组，两小组相距 10~30 米，每小组连续接传 15~30 个球。同时，每小组中一人接传，一人供球，交替进行。主要是提高传球准确性。

②分组同上，不同之处是在原地处的前 5 米排列 10 个球，球相距 0.5 米左右，每传一次球后，都要跑回到原地处，再跑去拾球传，来回跑动。目的是提高传球步法、腿力。球的摆法，要多种多样，如成行排列、弧形排列、多行排列等。接球组的后面要有一人补漏拾球。

③连续接传球练习。老师用教练棒或用手击出或抛出各种类型的球，学生离老师 10~70 米，要连续接 20~50 个球，每接一个球转身放到身后的筐里。

（十三）跑动中接传球练习

1. 目的

增加难度，提高协调性、灵敏性和跑动中的接传球能力，形式要多种多样。

2. 练习手段

①分两组，相距 27.43 米（垒间距），每组 5 人左右。如果人数多，可分几大组进行练习。

a. 用一球进行练习。

b. 持球者跑动 5 米左右将球传出，然后跑向另一组；接球者要在跑动中接传。

c. 接传球者的跑向先直线跑动，后斜向跑动接传。

②分组同上，但相距为 38.76 米（垒间对角）。

a. 两组之间站一名老师。

b. 持球者将球传给老师后，向老师快速跑去接球，并在跑动中传或抛给另一组学生，两组学生交替进行练习。

c. 传或抛球后，要跑向另一组。

d. 老师要抛出各种类型的球，如平直球、高空球、反弹球、前伸接球、后方球等。有时要有一些假动作，如假前真后、假后真前等。

③分一组，用一球进行练习。

a. 学生列队站在一垒附近，老师站在投手区处。

b. 一学生弧形向三垒跑动接老师传出的球，并在跑动中回传给老师，重复进行，一直跑到三垒为止。

④与第三个练习基本相同，不同之处是背向老师，侧向跑动。当听到老师喊“球”时，马上转身找球接，回传给老师后背向老师侧身跑。

⑤与第四个练习基本相同，不同之处是两人背向侧身跑，相距 5 米左右。当老师喊“球”时，两人马上转身接球，谁离球近谁接，回传给老师后，再背向侧身跑。

（十四）背向转身接球练习

1. 目的

提高空中找球、判断、出声接球和补漏能力。

2. 练习手段

①学生一组，相距 10~40 米，背向老师站立。

②学生距老师 30 米以内，老师可用手抛各种高空球，并喊“球”时，学生马上转身找球接，谁离球近谁接，另一人补漏。

③学生距老师 30 米以上，老师用教练棒打出各种高飞球，相邻的一组喊“球”时，学生马上转身接球，谁离球近谁接，另一人补漏。

（十五）三角传球和抛球

1. 目的

体会近距离传球、抛球的力度，以及球出手的动作和步法。

2. 练习手段

①学生三人一组，或等边三角形排列。

②若传球，三人相互间隔 5~10 米。用顺时针、逆时针形式传，要求传球动作小、

取球快、出手快、步法灵活。

③可用 1 个或 2 个球进行练习。

④若抛球，三人相互间隔 5~6 米。顺时针用正手抛球，逆时针用反手抛球。

（十六）接力传接球

1. 目的

提高配合能力，培养团结协作精神。

2. 练习手段

①将学生分两组，每组至少四人进行练习。可进行分组比赛，以轮次或计时决定胜负。

②分两列纵队，两队相距 5 米，每队学生之间相距 5 米左右。

③学生背向站立，第一名学生面向其他学生。练习时，两组首名学生向次名学生传球，次名学生转身向第三名同学传球，以此类推。

④每次练习至少有 3~5 轮（一个来回），不能有失误，若有失误，重新计算轮次。

⑤为了提高练习的实用性和难度，可采取一大组练习。方法是首名学生向次名学生的左、右、前方抛出各种球，次名学生快速拾球传给后者，在此过程中，全体学生要根据拾球者的跑向、拾球点调整站位，形成一条直线。可以采取两组比赛进行，为保证公平竞争，要在两组首位学生的前方摆出多个球，两组球的球向、距离应相同；练习时，首名学生快速去拾球传，其他学生要与其形成一条直线；第一个球传了一轮后放在旁边，首名学生再跑去拾第二个球进行接力传球，以此类推，直到把排列的球传完为止。

（十七）背向抛接球练习

1. 目的

体会后退跑接球技术，提高空中找球能力。

2. 要求和注意点

①学生两人一组，彼此相距约 5 米，背对背站立。

②一名学生向后抛高飞球时，要喊“球”，这时另一名学生快速后退跑接球。

③此练习可变换为后退转身接球。

二、接传球常见错误纠正法

（一）传球臂无随摆

1. 方法一

传球时，要求右手掌触中左腿外侧。

2. 方法二

徒手练习时，协助者把手掌放在传球者的左腿外侧，每次传球臂的手掌必须触中协助者的手掌。

3. 方法三

有球练习时，协助者在传球者的左腿外侧供球；传球者每传一次都要在左侧取球。

4. 方法四

通过蹲传、跪传纠正。

（二）没对准传球目标

在地面上画一个十字，线长 3~4 米，传球者站在十字交叉处，做不同方向的传球练习，要求左右脚必须踏在某一条十字线上。

（三）传球时重心移动过早

传球时用一块脚踏板垫在左脚下，以防重心过早前移。也可在斜坡上或台阶上做辅助练习，但必须左脚在高处，右脚在低处。

（四）传球时重心未向前移动

1. 方法一

原地站立，两脚左右分开，与肩同宽。传球时，左右脚跟交替抬起，体会重心移动。

2. 方法二

传球时，右脚底垫一块砖头，有利于重心前移。也可在斜坡上或台阶上做辅助传球练习，但必须左脚在低处，右脚在高处。

（五）推球出手

传球时，右肘过低、夹紧于体侧，或肘关节没有领先，形成推球出手，纠正法如下：

1. 方法一

做拉皮条练习，要求肘部与肩同高。

2. 方法二

用皮条绑住右肘部，其余要求同方法一。

3. 方法三

协助人站在传球者的身后，左手前推传球者的右肩，右手向后拉传球者的右手，使其体会腰、肩、肘、腕、手指分段用力的正确的动作，也可仰卧在地面上体会正确的出手动作。

（六）动作僵硬

1. 方法一

徒手模仿接传球的动作，做肩臂柔软性练习，强调左右肩臂的各关节放松。

2. 方法二

右手持毛巾，做传球鞭打动作，强调动作要有爆发力。

（七）传球时重心过高

1. 方法一

多做 90° 半蹲的传球练习。

2. 方法二

拉一条长绳，绳子离地高度要适中，练习者在长绳下面传球。

（八）接传球节奏不明确

通过“1，2，3”等口令检查接传球的完整过程和用力节奏，即“1”表示接球时的姿势，“2”表示垫步、引臂、左肩对准传球方向、重心在右脚，“3”表示快速用力出手、重心移向左脚、右肩对准传球目标。

第二节　投接手

一、投手各种练习法

（一）感性认识法

1. 目的

使初学者对投手的正确动作有一个感观、形象上的认识。

2. 要求

多看棒球技术录像、图片、幻灯片和优秀投手的动作视频，对照镜子进行模仿练习并与其比较分析。

（二）理性认识法

1. 目的

使初学者对正确的投球技术原理有一个科学的、全面的理论认识。

2. 要求

讲授投手技术理论，包括投球完整过程、步骤、用力原理及投手规则等。

（三）熟悉球性法

1. 目的

通过各种握法体会直线球、变化球的旋转。

2. 要求

在球上画一条垂直线，通过各种握法及扣腕、拨指、弹指、切指等动作体会球的旋转方向。如垂直地面和顺时针旋转为直线球或上升球；垂直地面和逆时针旋转为下坠球；球不旋转为飘球或慢球等。

（四）分解节奏法

1. 目的

将投球完整技术进行局部、分段体会，使初学者掌握分解动作的要领。

2. 要求

将投球的局部技术定为节奏练习，如 1，2，3，4，5，6 等，即“1”代表合掌看暗号；“2”代表降低重心、重心放在右腿上；“3”代表摆臂转体抬腿、重心放在右脚上，分手引球；“4”代表伸踏脚着地、转腰、肘外展、送肘、挺胸；“5”代表右肩下压、鞭打出手，随摆，重心放在左腿上；“6”代表进入防守。

对于初学者而言局部技术分段可多一些，待有一定水平后，局部分段要减少，动作节奏加快，以完整练习为主，最好对着镜子进行练习。

（五）近距离对网投球法

1. 目的

体会关键技术环节。

2. 要求

重点体会最后用力阶段，包括弓形、鞭打、后蹬腿、重心移动，即离挡网 5~8 米，两脚分开（间距同投球步幅），重心放在右腿上，左腿、左肩侧对挡网，两手分开，按最后用力的要求投球，一般只投直线球，也可体会其他球种。

（六）中距离对网投球法

1. 目的

体会完整投球技术。

2. 要求

①离挡网 10~15 米。

②用标准的正面和侧身投球法，球速适中。

③重点体会技术，不投准。

（七）正规距离对目标投球法

1. 目的

体会出手点，提高投准能力。

2. 要求

①距离目标 18.44 米。

②用正规动作对目标投球。

③在挡网上制作三种好球区，即投面好球区（宽 43 厘米，高 70 米）、高低好球

区（高部位区 23 厘米，低部位区 23 厘米）和四角好球区（每个角为 15 厘米的正方形）。练习时，难度由易到难，即按以上三种好球区依序练习。对于初学者来说投面好球区达 50%~60%，则转投高低好球区，达 30%~40% 好球率则转投四角好球区。当然还要根据练习者水平来定。

（八）对接手投球法

1. 目的

体会出手点，提高投准能力。

2. 要求

①本垒上空用橡皮筋制作三种好球区，并用橡皮筋系在两旁的标枪上。捕手蹲在好球区后面接球。

②对捕手的两肩（作为好球区的高部位）和两膝（好球区的低部位）投。投内角球时，捕手要蹲在内角；投外角球时，捕手要蹲在外角。

（九）力量分配投球法

1. 目的

体会用力节奏和力量感。

2. 要求

①每个投手必须掌握三种用力节奏投法，即放松投、正常球速投和冲刺投（极限投）。

②放松投、正常投要求入点，冲刺投要求球进入好球区即可。

（十）综合投法

1. 目的

体会各种投球动作，提高配球能力。

2. 要求

①在直线球投准能力达 80% 以上后，要大胆学习变化球，如变速球、滑球、下坠球等，充分体现投手的“快、准、变”风格。

②综合投的组合和数量要量力而行，投球要根据级别、水平、能力来定。就青年选手来说，每次投球总量控制在 70~100 个，即投准 30~60 个（包括投点、变化球的准确性），这有利于恢复肩臂疲劳，延长投球年龄。

（十一）战术投球法

1. 目的

提高配球能力。

2. 要求

①捕手要假设比赛情形，比如何垒上有人、几人出局、比分如何等，以此来做比赛前期和后期的处理。

②投手要根据捕手的战术暗号投球。

（十二）心理素质投球法

1. 目的

提高投手自信心，增强其心理承受能力。

2. 要求

①设球数多于或等于击数，如零击三球，必须连续投出三个好球；二击三球，必须投出好球等。

②设关键局面，如满垒，必须控低球。比赛为最后一局，仍领先 1 分或平分，必须投杀击球员。

③在体力下降或疲劳状态下投球，锻炼投手的意志力。

④通过声源干扰投手的投球，提高投手的集中力。声源包括用录音机播放干扰声音、几名队员叫喊出声或拍掌干扰等。

⑤提高开局投球能力，如要求第一局不准出现四坏球等。

⑥通过实战投球的练习，使其心理转入或适应比赛临场状态。如救援投手换上场时，必须进入最佳状态，不准投出四坏球或给对方击出安打等。

（十三）标准投击

1. 目的

根据每个击球员特点，投其弱点，提高配球能力。

2. 要求

①在标准距离上投球。

②要分析击球员特点，如站法、握棒、下棒轨迹、重心、棒角度，是否拉打等，要针对其弱点进行投球。

③规定投手投何球，如前三棒投两低点球，第四、五棒投变化球，后面几棒综合投等。

④赛前训练期，应投其长处，尽量给击球员打出，提高其信心和兴趣。

（十四）记忆投球

1. 目的

培养投手、捕手记忆击球员的习惯，提高配球能力。

2. 要求

①记住每个击球员的安打点或打击弱点，针对性地进行投球练习。

②每对付 3 个击球员后，投捕手要互相对查，以利纠正、巩固。

（十五）比赛投球

1. 目的

提高投手的实战能力，丰富临场经验。

2. 要求

①要有针对性地培养开局投手，救援投手和收尾投手。

②对投手规定三个“第一”，即开第一个局击球员出局、第一球必须投好球、开局不能投四坏球。

③当出现连续 3 个安打或 3 个四坏球，应马上换投手。

（十六）测验投球

1. 目的

通过测验了解投手水平和进展。

2. 要求

①测验一般安排在准备期、赛前期进行，如在对比、检查中发现问题或未达标，要及时改进。

②达标标准是投点好球率（70%~80%）、外角低好球率（40%~60%）、变化球好球率（50%–70%）。连续三球入点要求在 10~15 球内完成（投四个角），前三个内容每项投 30 个球。

（十七）赛期投球

1. 目的

做好热身投球，以达到最佳竞技状态。

2. 要求

①热身投球步骤为常规准备活动—接传球—跑动接抛球—近投球—正规距离投球（投点、变化球，总球量为 40 个）。

②当开局投手上场比赛时，最好安排两名左右（救援投手）在场下投球，随时做好替换上场准备。当救援投手上场比赛时，收尾投手（左右投手各一名）在场下投球，随时做好替换准备。

二、接手各种练习法

（一）接漏球和小飞球法

1. 目的

提高快速拾球和接各种小飞球能力。

2. 要求

①投手对接手投球，老师站在捕手后面抛各种球，如左、中、右地滚球、各种小飞球。

②投手要指示老师抛球的方向和位置。

③接手一般不脱面罩，若抛球较远或较高，捕接可边跑边脱去面罩，但必须看清球才脱，且放在地上的面罩不能影响拾球或接球。

（二）听信号反应法

1. 目的

提高辨向反应能力。

2. 要求

①老师站在接手后面抛各种球，如左、右、前、后地滚球或小飞球。

②接手根据老师的指示快速反应找球。

（三）听声找球法

1. 目的

提高声向反应能力。

2. 要求

①老师站在接手后面抛出各种方向的小飞球，接手根据球落地声音快速找球。

②两名老师或学生站在接手的周围，依次用棒击出小飞球；接手先闭上眼睛，再根据棒击球声找球。

（四）接教练棒练习法

1. 目的

提高接或挡各种球的能力。

2. 要求

①老师距接手 10~15 米，接手要穿上护具。

②老师要击出左、中、右平直球和反弹球。

③若是击出落地球，接手应以挡球为主。

（五）手法练习

老师距接手 5~8 米，投出左、右、上、下球，接手根据球向用正确的手法接球。

（六）练接球缓冲法

1. 目的

提高接手接球瞬间的缓冲能力。

2. 要求

①接手单脚站立，臀部靠近墙，身体稍前倾，做好接球准备。

②离地腿弯曲贴在墙上。

③老师距接手 3~5 米。接手接老师的抛球时身体不能后仰，只靠手臂的瞬间缓冲接球。

（七）传球步法练习

老师距接手 3~4 米，接手根据老师指示的球向做出传各垒的步法练习（无球）。

（八）用棒干扰法

1. 目的

提高接手集中盯球接的能力，适用于初学者。

2. 要求

①老师距接手 3~5 米。

②接手接老师的投球时，击球员挥空棒干扰。

（九）接直上直下高飞球练习法

用教练棒击出高飞球，接手用正确姿势接球并注意球的反方向回落。

三、投接手常见错误动作纠正法

（一）斜上投球时肘部过低

练习者用球棒托住右肘，右臂向后弯曲并用手指握住棒尾，右手抓住指向前方的棒头并向上用力，迫使右肘向上提。这一练习有助于提高右肩的柔韧性，练习时要弓步站立。

（二）斜上投球时右臂过于向外撇

离墙 50 厘米左右，面向墙站立。练习时，向左侧做徒手投球动作，要求右臂不能接触墙。

（三）投球时，支撑腿不稳定

①多练单腿的静力支撑和上下振动，提高支撑腿的稳固性、弹性和力量感。

②投球时，伸踏腿可向二垒方向踢两次再投球。

③单腿跳动拾球和抛球练习。

（四）投球时重心留不住

投手徒手练习时，协助人用右手顶住投手的左肩，投手保持踢腿的静止姿势，呈单腿支撑，体会顶臀、弓形、留重心的技术动作。

（五）投球不准

①通过调整步幅大小，纠正高低球的准确性。
②通过调整伸踏脚左右落地点，纠正内外角球的准确性。
③通过调整轴心脚在投手板上的左右站位，纠正内外角球的准确性。

（六）接手声音过小

打教练棒防守练习时，安排一名协助者站在外场手与接手之间，每打一次教练棒，接手必须大声指挥协助者调整接力点的位置。

（七）接手步法不灵活

老师距接手 3~5 米抛出平直球，接手接球后快速做出向左、右、前、后调整步法的传球练习。

（八）接手取传球动作慢

接手两脚站开立，略比肩宽，在其前面放 30~50 个球，老师连续快速抛球给接手，让其在原地接传。

第三节　击　球

一、各种打击练习

（一）T 座

1. 目的
掌握击球的基本功，提高在击球点上的吃中球能力。
2. 要求
①初学者体会打腰部球，提高击球技术和兴趣。
②有一定水平的学生练习击内外角球、高低球，提高打点技术。

（二）跪击

1. 目的

改进或巩固上体的击球技术，提高臂、手腕的爆发力。

2. 要求

①单腿或双腿跪地皆可。

②可对网抛击或挥空棒。

③此练习可在内场本垒处跪打，其他学生在二垒、游击位置接球。

（三）三人一组练习

1. 目的

检查挥空棒时重心移动、上体前倾或后仰，是否对准球。

2. 要求

①一人跪地，平行地面举棒并将棒头对准挥棒者（棒头当球），检查挥棒是否对准棒头；另一人站立垂直举棒对准挥棒者的重心，检查重心是否移动过大，上体是否前倾或后仰。

②当挥棒不准时，平行举棒者要喊“过高”或“过低”。若上体前倾或后仰，垂直举棒者要左或右摆棒，表示上体前倾或后仰。

③每挥一次棒，都要观察两名协助者的指示。

④三人相互距 3 米左右，呈“L”形排列。

（四）行进间挥空棒

1. 目的

体会全身用力，提高完整技术。

2. 手段

①三步练习法：左手持棒，第一步迈左脚；第二步向前迈右脚，身体右转，双手握棒，抬左腿，呈单腿支撑；第三步左脚向前伸踏，全力挥棒。

②四步练习法：第一步右脚后交叉，第二步左脚左移动，第三步右脚再后交叉，第四步左脚左伸踏时挥棒。四步要连贯并逐渐加速，以加大挥棒力量。

（五）斜抛击

1. 目的

体会拉打和击内角球技术。

2. 要求

①抛球人距击球员 3~5 米且斜线站位。

②往击球员的内角抛球，球速由慢到快。

③击球员转髋、转体要快。

（六）反方向打

1. 目的

体会推打和击外角球技术。

2. 要求

①抛球人距击球员 5 米左右，且用挡网。

②往击球员的外角抛球。

③击球员转体要小，往外推打。

（七）竖抛击

1. 目的

掌握击球基本功，提高打点技术。

2. 要求

①初学者要练打腰部球，掌握基本技术。

②由下往上抛球，球接近最高点时将球击出，击出的球路要平行于地面。

③有一定水平后，要抛内外高低球，提高打点水平。

（八）标准投击

1. 目的

提高打击能力。

2. 要求

①正规距离投球，多投两个低点。

②准备期要多投击球员弱点，比赛期要多投易打的球，以提高击球员的信心。

③通过捕手的配球暗号投击。

④可规定击球员的击球方式，如触击、中击、打跑、抢分、长打等。

（九）中距离多球投击

1. 目的

提高击球技术和打击力量。

2. 要求

①距击球员 10~15 米投球，用挡网。

②球速中等，不宜太快，以投准为主。

③连续投击 30~40 个球。

④可分 2~3 组同时进行。

（十）近距离快投

1. 目的

提高快打能力。

2. 要求

①距击球员 6~10 米，用挡网。

②球速要快准。

③由于球快，击球员见球就挥，不宜多选球。

（十一）打而跑练习

1. 目的

提高内外角球的打跑意识和技术。

2. 要求

①距击球员 70 米左右投球，以准为主，用挡网。

②二垒、游击位置应有人防守。

③内角球打向游击方向，外角球打向二垒手方向。

④务必打地滚球。

⑤为了有利于打地滚球，可快速翻腕，打中球的后上部。

（十二）打方向的轻击练习

1. 目的

体会推打和拉打技术。

2. 要求

① 4 人一组，3 人防守 (中间者投球)，1 人轻打。

②距击球员 6~10 米投球。

③内角球打给左边防守队员，外角球打给右边防守队员，中间球打给投球者。

④可由轻打过渡到重打，加大挥棒力量。

（十三）战术击球

1. 目的

提高击球和跑垒意识，丰富临场经验。

2. 要求

①全场防守，设垒上有人。

②根据进攻暗号完成战术击球。

③可规定 3 或 6 出局交换攻守。

④此练习可进行战术跑垒，如一掩三偷、三掩一偷、双偷、假触击等。

（十四）触击练习

1. 目的

提高牺牲和抢分触击能力。

2. 手段

①将学生分成两组，每组 3 人以上，一组投球，一组触击。每段一球 (必须好球)，就到触击组；每触一击 (无论是否触到) 就快速冲一垒，并做蛙跳或俯卧撑跳到投手组。可规定打牺牲、抢分或推触等。两组务必交替快、节奏快。

②将学生分成两组，一组内场防守，一组触击，并设垒上有人，根据垒上有人情况打抢分或牺牲触等。触击 5~10 轮，交换攻守；触击者和跑垒员交替进行。

二、各种击球辅助练习法

（一）下坠球击球练习法

1. 方法一

①击球员距挡网 2~3 米。

②协助者面向击球员，站在长凳上在本垒上空垂直落球 (由上至下)。

③当球落到好球区中部时，快速挥棒。

④眼睛始终盯住球路。

2. 方法二

①击球员距挡网 3~4 米。

②协助者在击球员右斜方供抛物线球。

③当球落到好球区中部或下部时，快速挥棒，眼睛始终盯住球路（由上至下落）。

3. 方法三

①外场或全场防守。

②投手在中距离或标准距离投下坠球，尽量由坏变好。

③若中距离投球 (10~15 米)，要用挡网。

（二）上升球击球练习

1. 方法一

①击球员距挡网 3~4 米。

②协助者在击球员右斜方供由下至上的球。

③当球进入好球区的上部时，快速挥棒。

④眼睛始终盯住球路 (由下至上)。

2. 方法二

①外场或全场防守。

②投手在中距离 (10~15 米) 用下手投球，并用挡网。

③投手可在标准距离投上升球或用下手投球。

（三）打慢球练习法

①外场或全场防守。

②协助者交替投出快慢球。
③在中距离处投球 (10 米左右)，用挡网。
④快球时，挥棒要快；慢球时，要留住棒和重心，挥棒慢半拍。

三、击球错误动作纠正

(一) 击球时腰力不足

①用双臂在腰处夹住棒，棒头在右侧。
②协助者竖抛球，击球员转动腰用棒头对网击球。

(二) 挥棒中球时手臂弯曲

①击球员距挡网 3~4 米。
②协助者在击球员身后抛球，往前抛外角高球。
③击球员往身后看球，当看见球往前抛时，用棒追球打，迫使手臂伸直。
④球速由慢至快。

(三) 击球时翻腕过早

①击球员距挡网 2 米左右。
②协助者竖抛球。
③击球员分手握棒击球。

(四) 击球时掉棒头

①练习者右臂向臂抬肘 (肘与肩同高)，左手持棒，棒头置于右上臂。
②用左手挥棒，右手臂不动。

(五) 击球时伸踏太大

①把伸踏脚放在水桶里练习挥棒。
②在地上挖两个洞，两脚放在洞里练习挥棒。
③用铁链套住双脚练习挥棒。
④用砖头顶住伸踏脚，挥棒时伸踏脚不能触及砖头。

（六）击球时重心前倾或后仰

在台阶上练习挥棒。重心前倾，要求左脚在高处，右脚在低处；重心后仰则相反。注意台阶的落差不宜太大。

（七）击球时重心不稳

在长凳或平衡木上练习挥棒。

第四节　内场手

一、垒间传球练习

（一）目的

体会垒上步法、接传球部位、距离感、方向感及选手之间的默契。

（二）要求

①采用 2 个垒或 4 个垒进行练习。
②采用顺时针、逆时针、对角加顺时针传球练习。
③垒上步法先用封杀，后用触杀。
④封杀时，要传到接球者的胸部；触杀时，要传到接球者的膝盖。
⑤初学者先采用一球传，水平高者可用两球传。

二、位置技术和配合练习

（一）目的

提高内场手之间的位置技术和局部配合能力。

（二）练习方法

1. 局部组合配合

①三垒游击配合；投手与一垒、二垒手配合；一、二垒手配合；投手与三垒、

游击配合。

②二垒游击配合，投手与一、三垒手配合。

③二垒游击与一垒手的双杀配合、三垒捕手投手配合。

2. 内场配合

①全体传一垒或近防传杀本垒。

②全体打双杀。

③触杀局面的假传真杀(即二垒或三垒有人)。

④设局面的触击处理。

⑤设局面的地滚球或平飞球处理。

（三）要求

练习时，老师要用教练棒击出快慢球或左、右、中等各种球路的球，并观察学生的技术是否正确。

局部配合要形式多样，有针对性，有重点。

三、投手补一垒的练习

①投手与一、二垒手站位。

②老师击出或抛出一、二垒间的地滚球。

③投手成弧形跑动补一垒接球。

四、接手补一垒练习

垒上无人，击出二垒、游击方向的地滚球，接手要补垒位。

五、一垒有人，二人出局以前击出触击球，投手与三垒手交插换位练习

①击出投手、三垒位置触击球。

②投手接球，三垒手马上转身回三垒接球，若三垒手前冲接球，投手马上补三垒接杀。

六、二垒有人，二人出局以前，三垒游击的交插补垒练习

①击出三垒、游击之间的地滚球。

②三垒手接，游击手补漏和补三垒；游击手接，三垒手马上回垒。

七、投手传各垒练习

（一）投手传一、三垒练习

①两组投手分别站在投手堆两旁，两列纵队，每组投手 1~3 人。
②一垒站两人，三垒站两人，轮流接球。
③当球抛向右边时，右边投手接传一垒；球抛向左边，左边投手接传三垒。
④练习 5 分钟后，两组投手交换位置。

（二）投手传二垒练习

①内场全部站位。
②一投手站在投手堆上，其余投手站在旁边，轮流练习。
③老师击出正面地滚球给投手并传杀二垒。
④二垒手、游击手交替进垒接球双杀。若游击手接球，则再传杀一垒；若二垒手接球，则再传杀三垒。练习 10 分钟后，二垒手、游击手可交换双杀方向。

八、捕手传各垒练习

练习方法同投手。

九、一、三垒有人局面，击出二垒、游击和投手方向地滚球的练习

①内场手全部站位，二人出局以前。
②若可以双封杀，则封杀一、二垒。
③若不能双封杀，则先传二垒封杀，接球者再假传一垒真传三垒（目的是诱杀三垒跑垒员）。
④老师要通过击出快慢远近地滚球，观察选手处理局面是否正确。

十、一、三垒有人，击出一垒或三垒后方高飞球的练习

①提高投手的跑位意识，防止偷垒。
②二人出局以前。
③当击出三垒后方高飞球时，三垒手、游击手去接球，投手立即补三垒附近，接球者立即传球给投手控制局面。

④当击出一垒方向高飞球时，一、二垒手去接球，投手立即补一垒附近，接球者马上传球给投手控制局面。

⑤投手接球后，视情况传杀二垒或三垒。

十一、接手漏接传本垒练习

老师在接手后抛出左、后、右的地滚球或高飞球，接手根据投手指向追球传杀本垒，投手快速补本垒。

第五节　外场手

一、接左、右、后高飞球步法练习

①一列纵队，在其左或右安排一协助接球者。

②老师离学生 10 米左右抛出 10~20 米范围的高飞球，学生接球后传给协助者。

③重点体会接球时的步法、身体转动方向、传球方向。

二、三步接传球步法练习

①一列纵队，在其前方 40 米左右安排一协助接球者。

②老师离学生 5 米左右抛出正面高飞球或地滚球，学生接球后全力传向协助者。

③重点体会接球时左脚在前、拉上臂、过手快、前冲跳起传球且三步要在一条直线上。

三、连续接 20~30 米范围内高飞球练习

（一）目的

提高防守能力，尤其是空间判断、脚程快。

（二）要求

①安排一名学生连续接高飞球 20~30 次，在其左或右 5 米，组织其他学生排一列纵队，间隔 5~7 米。

②防守学生接球后（打教练棒接球）快速传球给一列纵队的首名学生，并做接力

传球练习。

③学生在最后接力者的附近打教练棒。

四、背向转身接高飞球练习

（一）目的

提高判断和眼找球能力。

（二）要求

①一列纵队，首名学生背向老师。
②老师离学生 40~80 米打教练棒。
③球击出瞬间，次名学生喊“球”，这时，首名学生迅速转身找球接。

五、出声接球练习

（一）目的

提高学生之间的默契配合程度。

（二）要求

①两路纵队，相距 10~20 米。
②首名学生面向或背向老师。
③老师离学生 40~80 米打教练棒。
④击出球的落点最好在两学生之间。
⑤离球近者，出声接球，另一名学生补漏。
⑥若是背向老师，次名学生要提示来球。

六、跑动接球练习

（一）目的

提高跑动中接球能力和腿部力量。

（二）要求

①一列横队站在左外场。
②首名学生连续向右外野快速跑，并连续接老师打出的球。
③接球后迅速传给站在二垒上的协助者。
④此练习可安排两名学生背向老师，跑动转身打球接。

七、传各垒的练习

（一）目的

体会垒距、垒向。

（二）要求

①外场全部站立，距本垒 40~80 米。
②老师在本垒处击球。
③传各垒的顺序为：先传对应的垒，即左外场传三垒，中外场传二垒，右外场传一垒，全体传二垒，全体传三垒，全体一跳传本垒。

八、突破球接力传球练习

（一）目的

提高向三垒、本垒接力传球的能力。

（二）要求

①外场手全部站位。
②二垒、游击位置站两名学生。
③接力传球顺序为先全体接力传三垒，然后接力传本垒。
④老师离防守队员学生 70 米左右打强劲地滚球或平飞球。
⑤左边突破球由游击手移动接力；右边突破球由二垒手接力；中间突破球由二垒手和游击手商定。

第七章 CHAPTER 07

棒球运动训练方法

棒球运动的训练方法主要有身体训练、心理训练和游戏性训练。具体训练内容的选择，应根据球队的发展方向、训练任务、学生的条件、训练时间和场地器材等情况来确定。通过棒球训练可以使受训者在德、智、体诸方面得到全面发展，使他们具有明确的政治方向，高尚的道德情操，刻苦的学习精神，以及团结一致奋勇向前的精神。

第一节　棒球身体训练方法

一、一般身体训练手段

（一）手指、手腕练习法

1. 双手徒手抓拳

连续快速屈伸手指抓拳，每组 20~30 次，做 3~5 组，组与组间歇 20~30 秒。

2. 手掌推墙

两手臂直平伸，手掌心贴墙，靠手腕、手指力量推墙，始终保持伸直。

3. 手掌抓沙

将五指插入沙中，连续抓沙。

4. 五指抓铅球

身体前倾，用单手抓起铅球（2~5 千克），当松开五指球落下时，再用五指抓球和提球，球保持在空中不能落地，每组 20~30 次，做 3~5 组。

5. 用手指拨杠铃片

将杠铃放在卧推架上，靠手指力量拨动杠铃片旋转，每组 20~30 次，做 4 组。杠铃片重量视情况而定。

6. 手指、手腕翻提杠铃

双腿半蹲，两腕靠在双膝上，掌心向上，用第一、第二指节抓住杠铃，然后慢慢上翻提杠铃，屈腕，最后逐渐放下杠铃，每组 20~40 次，做 4 组；也可掌心向下，靠手腕力量上提杠铃。

7. 卷重物

站在台阶上，两手臂前平举，靠手指、手腕力量卷起重物，然后慢慢松手放下重物，每组 20~30 次，做 4 组。

（二）手臂练习法

1. 杠铃颈后背屈伸

杠铃放在颈后，靠手臂力量快速上举杠铃，每组 20~30 次，做 4 组。

2. 前臂上举杠铃

两手持杠铃于大腿处，用前臂快速上举杠铃。每组 20~30 次，做 4 组。

3. 拉橡皮筋

两脚平行站立，右臂屈肘，靠手臂力量快速拉橡皮筋，每组 20~30 次，做 4 组。

4. 俯卧撑跳绳

三人一组，一人做俯卧撑跳，另两人摆动跳绳。绳子要从练习者的手掌和脚下穿过。

5. 负重俯卧撑

多人同时做俯卧撑时（前后排列），前者两脚放在后者的肩上，每组 10~15 次，做 4 组；还可以将重物放在练习者的背部做俯卧撑。

6. 单脚俯卧撑

做俯卧撑时，一脚靠在另一脚上。

7. 俯卧撑跳前进

做俯卧撑的同时，靠手臂、脚趾力量跳起前进，前进 10~20 米，做 4 组。

8. 推小车

两人一组，辅助者提起练习者的双腿，练习者靠手臂、腕指力量前进，前进 10~20 米，做 4 组。

（三）肩部、胸部练习法

1. 深卧推

用大重量的杠铃深卧推，加强肩臂胸部力量，每组 10 次，做 3 组，采用先动后静的方法进行练习。

2. 浅卧推

用最大重量的30%~50%浅卧推，加强肩臂的速度力量，每组15~20次，做4组，采用先静后动的练习方法提高肌肉的爆发力。

3. 俯卧爬行

大分腿俯卧，双手握拳，屈臂外展于胸下，前臂、肘关节着地，靠肩部和脚部力量向前爬行，每组10~20米，做4组。

4. 双杠前后摆动

加强肩肘部稳固性和手臂力量，每组10~20次，做4组。

5. 负重直臂举

单手持重物，背靠墙。练习时，直臂上举10~20次，做3组，直臂侧举10~20次，做4组。

6. 负重肩部旋转

两手持重物于体侧，直臂旋转肩部，每组15~20圈，做4组。

7. 直臂绕环

分脚平行站立，两臂前平举或侧平举，做直臂肩部的绕环练习，每组20~40次，做3组。可两手持重物练习。

（四）腰腹练习法

1. 一头侧起

两人一组，练习者侧卧在地面上，双手抱头，辅助者坐在或压住练习者的双脚。练习时，上体快速侧举，每组10~20次，做4组。

2. 一头左右转动起

两人一组，练习者俯卧抱头，辅助者坐在其双腿上。练习时，上体左右转动起，起到最高点时，转头，眼尽量往后看，每组20次，做4组。

3. 一头起左右触膝

仰卧抱头，屈腿，两膝朝上，练习时，靠腹部力量一头起。起到最高点时，右肘触左膝，左肘触右膝，每组20~30次，做4组。

4. 两头起

俯卧在地面上，两手臂左右外展，练习时，两脚和头部上举，不能触地，全身要富有弹性，每组20次，做4组，此练习主要练腰背肌。若需要练腹肌，则仰卧在地面上，两头起，用两手触两膝，保持两头不触地，全身要富有弹性。

5. 负重左右转体

仰卧在地面上，两手持杠铃片，左右转体，提高腹侧肌力量，每组 20~30 次，做 4 组。

6. 左右侧抛球

两脚前后站立，两手持实心球，左右转体侧抛球。两人一组，每组 20~30 次，做 4 组。

7. 负重绕环

两脚分开平行站立，两手持杠铃片于体侧，然后做前后左右绕环，每组 20~30 次，做 4 组。

8. 小山羊练腰腹肌法

两人一组，练习者仰卧在山羊台上，臀部或髋部在山羊台前端，辅助者坐在练习者的双脚上，每组 20~30 次，做 4 组。

（五）髋部练习法

1. 负重交叉腿转髋

两手持小杠铃于颈后，左右腿交叉站立，身体稍前倾，做向左或向右的后转体，每组 20~30 次，做 4 组。

2. 负重左右跳转

两手持小杠铃于颈后，练习时前脚掌连续蹬跳，左右转髋，每组 20~30 次，做 4 组。

（六）腿部和脚踝部练习法

1. 大腿挟棒

大腿挟住球棒左右摆动，棒尾在前，棒头在后，每组 20~30 次，做 4 组。

2. 原地快跑

两脚分开，半蹲，做原地快跑练习，每次 30 秒，做 4 组。

3. 半蹲跑

两腿呈半蹲，做快跑练习，每组 30 米，做 3 组。

4. 膝后挟球走

在两膝后各挟一个棒球，成半蹲走，每组 20 米，做 3 组。

5. 负重蹲跳

两手持杠铃于颈后，在地面或沙池上半蹲跳起，每组 20~30 次，做 4 组。

6. 单腿跳拾球

两人一组，协助者往地面抛球，练习者单腿跳拾球并回抛给协助者，每组 20~30 次，做 4 组。

7. 耐力跑

投捕手要多练耐力跑，提高平衡感和重心稳定。每周跑 2~3 次，每次 4000 米圈。

8. 负重提踵

两手持杠铃于颈后，两脚分开站立，两前脚掌下垫砖，做提脚跟练习，每组 20~30 次，做 4 组。

9. 全蹲走

全蹲，并腿，靠小腿和脚的力量行走，每组 10~20 米，做 4 组。

（七）全身爆发力练习法

1. 半蹲抓举

分腿半蹲站立，分手持杠铃的两端，靠全身力量半蹲抓举。杠铃重量为最大力量的 50%~70%，每组 15~20 次，做 4 组。

2. 半蹲弓步挺举

先从半蹲姿势举起杠铃，再弓步挺举。杠铃重量为最大力量的 50%~70%，每组 15~20 次，做 4 组。

（八）速度、灵敏、反应、协调练习法

1.6 米 ×6 次折返跑

画两条平行线，相距 6 米，听哨声起动，来回跑动，并且手要触线，最后冲刺跑不触线。

2. 短距离冲刺

在距起点 10 米、20 米、30 米、40 米处各画一标志，每一距离全速冲刺 5 次。练习时，学生排一列横队，一起出声跑，可分组进行。

3. 接抛球

两人一组，相距 2 米。练习者接辅助者抛出的各种来球。

4. 各种起动加速跑

学生几人一组，排成一列横队，听哨声后，齐出声做 20~30 米加速跑，起动形式有俯卧撑起动、仰卧撑起动、侧压跳起动、前后左右分腿跳起动等。

5. 小滑步练习

画 4 条平行线，相距各 50 厘米，学生侧滑步移动，每滑步一次，两脚必须在线的两侧。目的是练习内野手的移动能力，要求 20 秒滑 50~70 步。

6. 高抬腿 90° 转体练习

练习者根据老师的哨声做顺时针或逆时针的高抬腿 90° 转体练习。

7. 练摆臂跑

双手各持一沙袋，沙袋重 1 千克，来回跑 30 米后，徒手加速跑 30~60 米（不要沙袋）。

8. 指示灯跑垒反应

制作一个小木箱，里面装两支电筒，分别涂上红色和绿色。练习时，绿灯亮表示可以偷垒，红灯亮表示需要回垒。

9. 牵引加速跑

用一根长 5~7 米的橡皮筋套住练习者的腰部，后退拉长橡皮筋，靠反作用力加速向前跑。练习时，两人一组，辅助者抓住橡皮筋的一端。

10. 向前向后跑练习

学生分 2~3 组进行练习，每组 4~6 人。练习者根据老师的哨声或手势做向前、向后跑练习。

11. 看信号反应

学生分 2~3 组进行练习，每组 4~6 人。练习者根据老师的手势信号，做左右垫脚、左右抬腿、分腿、交叉腿、下蹲、上跳、360° 转体等练习。

二、专项身体训练手段

（一）手指、手腕、手臂练习法

1. 手腕水平挥棒

学生分 3~4 组同时进行，每组 5~10 人。练习时，两脚平行站立，与肩同宽；两手持棒胸前平举，靠手腕力量水平挥棒，棒头要触到左右肩。注意挥棒速度、节奏，每组 50~60 次，做 5 组。

2. 手腕举棒

两脚并拢站立，单手持棒于体后，棒头朝下，持棒臂直上举，靠手腕力量举棒头向上，每人 100 次，做 3 组。注意举棒的速度、节奏。

3. 两人互压棒

两人各持一棒，用棒头交叉压，靠手腕力量静力压 10~20 秒，做 4 组。也可一人持棒，辅助者用手反方向推棒头。

4. 扭旋棒球

投球手握球，掌心向上，拇指在球上，中指、食指在球下，靠手指力量旋转棒球，球旋转的速度越快越好，弹出的高度尽量控制在 40 厘米以上。

5. 用拉力器练习

在棒球上钻一个孔，用一条长约 40 厘米的橡皮筋套住球练习时，用橡皮筋套住颈部，手握住球，做屈伸臂和压腕练习。

（二）腰腹、髋部练习法

1. 腰部挟击球

双屈臂挟棒于腰部，靠转腰髋力量用棒头击球。辅助者要掌握好抛球高度，不宜过高或过低。

2. 腋下夹球转腰

弓步站立，腋下夹一棒球，通过转腰髋将球抛出。

（三）腿部练习法

1. 单腿击球或挥空棒

练习者单腿站立，双手持棒击球（辅助者抛球）或挥空棒，提高稳定性和腿力量。

2. 两边移动接球

三人一组，两名辅助者相距 4 米各持一球，练习者左右跑动接辅助者抛出的各种球，每组 20 次，做 4 组。

3. 牵引接球

练习者拉一车胎（用绳套住腰）左右跑动接老师击出的球，每组 20 次，做 3 组。

4. 专门跑垒练习

上垒跑 5 次、安打跑 4 次、二垒跑 3 次、三垒跑 2 次、全垒跑 1 次。

（四）全身爆发力练习法

①水下挥空棒。先深吸一口气，然后沉入水中憋气快速挥棒，每组 10~20 次，做 4 组。

②行进间或跑动挥棒练习。

③跨大步击球练习（有球）。

④用棒击车胎练习。

⑤负重挥空棒。在棒头套上几个铁环进行挥棒。

⑥用球掷远。有平远投和高远投两种，练习时尽量加上助跑。同时注意控制投球的数量，防止受伤。

⑦球速感投球法。这种练习的目的是提高投手的爆发力和球速。分为最快投、次最快投、快投，练习者要能感觉和分辨出三种球速（老师要记录球速并做对照）。

三、棒球伸展操

（一）头、颈部位

1.抱头压屈（图 7–1）

两脚开立，双手抱头向下压屈，尽量使下颌接触胸部，也可仰卧做抑头压屈。

图 7–1　抱头压屈

2.侧拉头部（图 7–2）

双脚开立，用手侧拉头部，尽量使头部接触肩。

图 7–2　侧拉头部

（二）肩、臂部位

1.跪地直臂后移（图 7–3）

双膝跪地，两臂分开与肩同宽，两掌心反向撑地，然后身体逐渐后移。也可掌心向前撑地，身体逐渐前移。

2. 手指拉屈（图 7–4）

两脚开立，两臂前平举，一手立掌，掌心朝前，用另一手拉其手指后屈，两手臂伸直。

图 7–3　跪地直臂后移

图 7–4 手指拉屈

3. 掌心互压（图 7–5）

两脚开立，两臂胸前弯曲，掌心相贴 90° 后屈，两肘要后顶。

4. 侧拉肩（图 7–6）

两脚开立，两臂屈肘互抱于头后，一手拉引另一臂，用力侧屈，左右侧交换做此练习。要求做此动作时上体不得移动。

图 7–5　掌心互压

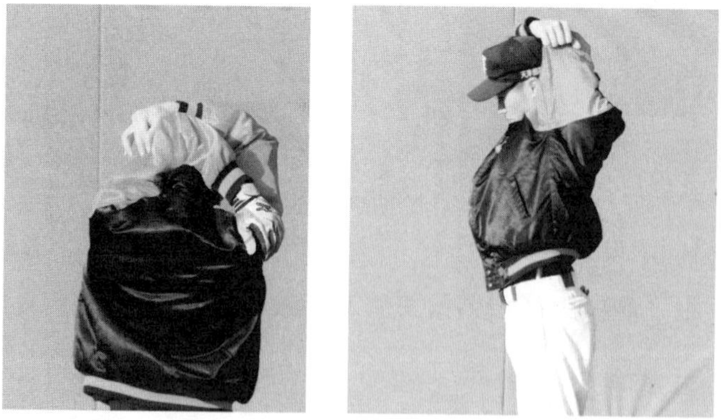

图 7–6　侧拉肩

5. 体前压肩（图 7–7）

两脚开立，一臂体前侧举，另一臂屈肘拉或压其臂，要求做此动作时上体不得移动。

6. 反掌臂上举（图 7–8）

两脚开立，两臂上举，掌心朝上，两手手指交叉并尽量上举，也可交叉手，掌心相贴上举。

图 7–7　体前压肩

图 7–8　反掌臂上举

7. 跪地压肩（图 7–9）

双膝跪地，单臂或双臂前伸趴地，作用力在双臂或双肩上。

图 7–9　跪地压肩

8. 反拉肩（图 7–10）

两脚开立，两手背后互握，上体直立或前屈，两臂后振，幅度逐渐加大。

9. 体侧屈（图 7–11）

两脚开立，两臂上举屈肘互握，上体逐渐侧屈，左右交换做。

图 7–10　反拉肩

图 7–11　体侧屈

（三）腰腹、髋背部位

1. 上体后转（图 7–12）

两脚开立，与肩同宽。上体向左或向右后转，双臂屈肘于胸前。左转体时，扭转头靠近右肩；右转体时，扭转头靠近左肩。注意保持双脚的指向，不能随意转动。

图 7–12　上体后转

2. 仰卧压腿（图 7–13）

仰卧在地面上，双腿弯曲，一腿向左或向右压另一腿，上体保持不动。

3. 仰卧侧拉（图 7–14）

仰卧在地面上，一腿弯曲左转或右转；若右腿左转时，左手拉右膝，右手向右伸直，头部右转；左右交换练习。

图 7–13　仰卧压腿

图 7–14　仰卧侧拉

（四）大小腿和脚的部位

图 7–15　后拉腿

1. 后拉腿（图 7–15）

单脚站立，一腿后弯曲。右手右拉大腿时，上体可前屈，左手触左脚，左右交换进行。此练习可变换为左手拉右腿，右手拉左腿。

2. 俯卧拉大腿（图 7–16）

俯卧在地面上，一腿后弯曲。左手拉左腿，右手拉右腿。此练习可变换为左手拉右腿,右手拉左腿。

3. 仰卧压腿（图 7–17）

仰卧时，一腿伸直，另一腿由协助者抬起向头部方向拉伸，左右腿交换进行。此练习可用人协助。

图 7–16　俯卧拉大腿

图 7–17　仰卧压腿

4. 体前提腿（图 7–18）

体前屈，双手尽量提起双腿。

5. 屈腿后仰（图 7–19）

并腿后屈，小腿和脚背着地，上体逐渐后仰。

图 7–18　体前提腿

图 7–19　屈腿后仰

6. 坐地屈脚压（图 7–20）

坐地，双腿体前屈，两脚掌相贴，双肘下压双膝。

图 7–20　坐地屈脚压

7. 跪地压踝（图 7–21）

一腿单膝跪地，另一腿胸前屈，大腿靠近胸部；双手趴地，上体逐渐前移。

8. 站立压踝（图 7–22）

弓步站立，后腿保持伸直，全脚掌着地（不能提脚跟），髋部逐渐前移。

图 7–21　跪地压踝

图 7–22　站立压踝

第二节　棒球心理训练方法

现代竞技体育的比赛实践告诉人们，在初级的竞赛活动中，运动员取胜的因素心理占 30%，其他（如体能、技战术等）占 70%；而在高水平的竞赛活动中，尤其在势均力敌的对抗中，运动员取胜的心理因素会上升到 70%~80%，因此运动心理成了热门科学，受到了各国体育界的高度重视。棒球心理训练常用手段分为一般心理训练法和专门心理训练法。

一、棒球一般心理训练法

适合于平时训练、赛前期、赛期练习。一般心理训练方法有：放松训练法、控制紧张法、积极性思维控制法、自我调节法、心理演练法、集中注意力法和能量控制法七种心理技能。前面的技能逐步为后面的技能打下基础，每一种心理技能都对提高运动成绩起到重要作用。

（一）放松训练法

1. 目的

学会放松有助于运动员在比赛时控制需要保持放松的肌肉。动作的“流畅”感，往往产生于机体轻松自如的状态。掌握放松技能也会有助于克服比赛或训练中出现的紧张或急燥感（如出现多垒有人、三球二击等局面时）。此外，放松技能也是其他心理训练的基础，如想象训练、集中注意力训练、控制紧张训练等。

2. 要求

放松训练首先要体会肌肉紧张时的感觉，内容包括收缩肌肉群和放松肌肉群，注意体会相反的感觉。每次练习约 20 分钟。

①练习时要平静、缓慢，不要急燥。

②练习要每天进行一次。选择一个安静且不受干扰的地方去做。时间可以选择在晚间睡觉前，仰卧闭眼；也可在训练比赛的休息阶段进行。

③收缩每一组肌群，直至自己能够感觉出肌肉产生的紧张，完成这一步的时间为 5~8 秒，但这只是一个预估的时间，切不要因过多地注意了计时而分散了自己的意念。

3. 具体方法与步骤

①先以一侧手用力握拳开始，体会紧张感（5~8 秒）；放松，再体会放松感。

②侧手握拳，然后放松。重复。

③屈曲右前臂，收缩肱二头肌，放松。重复。

④咬紧牙，放松。重复。

⑤耸肩，收缩肩带肌肉，放松。重复。

⑥深吸气，屏气保持紧张；缓慢呼气，体会放松感。重复。

⑦缩腹部肌肉，放松。重复。

⑧绷脚尖，伸踝关节并保持紧张，放松。重复。

（二）控制紧张法

1. 目的

许多棒球运动员在参赛前都出现过焦急，这一点会有助于提高兴奋程度。但过分的焦急则会破坏注意力的集中，增加比赛中受伤的可能性，引起消极思想，降低协调性、准确性、判断能力和完成动作的熟练程度。紧张表现在许多方面：上场前是否过于兴奋？在思想上是否对比赛看得过重？是否有因无关事情（如场外喧闹、杂念等）而使精神分散的现象？比赛开始时是否有思想难以集中的情况？是否感觉局促不安？是否出现失眠？是否很容易对比赛产生恐惧感？此方法能有效地缓解上述紧张状态。

2. 要求

要学会识别紧张的征兆（如手握拳、喉部发干咽唾液、尿频、手心出汗、心率加快、胡思乱想、神经过敏、思想负担过重等），一旦发现自己出现了“紧张征兆”，应立即运用集中注意力放松技能，防止紧张状态加剧和消除紧张。

3. 具体方法

①缓和身体状态或身体活动，如通过散步、慢跑或做些缓慢的活动（如伸拉韧带等）缓和紧张；减慢说话速度，避免以激动的语调谈话等。

②独自重新集中思想和注意力，排除外界事件及与他人接触的干扰。如不要看记分牌、场上比赛情况（如何垒有人、几人出局等）等。可通过检查一下自己的鞋带（如从鞋带结到脚尖有几厘米等）和计算步数将自己的思想从外界的干扰和压力中转移开。

③深呼吸。将注意力集中于吸气，突腹；呼气，收腹。即重复“意守”练习。

④双手放松，双肩自然放松下垂（如果是双人练习，可让对方将手放在自己的肩上）。将注意力集中于肩部放松与下垂，利用同伴的手的重量吸引自己的注意力集中。

⑤要意识到自己的身体正在平静下来，呼吸开始变得深沉且轻松，肌肉正在放松，头脑清醒，心理平衡……自己又恢复了自我控制。

（三）积极性思维控制法

1. 目的

思维对于行动的影响往往超过人们的想象。去想象一种令人恼怒的情景，一定会使自己产生气愤的心情。思维能够影响生活，也能够影响棒球的比赛成绩。通过此练习能够调节甚至消除自己在训练和比赛中的紧张状态。

2. 要求

对于取胜有信心或无信心的选手，都会受到消极性思想的影响。他们二者之间的区别，只是如何对待这种消极性思想。

为了做到对“比赛失误”有所准备，有信心的运动员会考虑可能出现失误，因为人无完人；而无信心的运动员则考虑失误的问题，他们觉得那样会给自己带来不良影响，有失面子等。

真正的诀窍在于利用消极性思想。大多数有问题的思想，都是由于运动员本身所造成的，如想到“我太累了、太疲劳了”“对方投手球速、变化球太厉害了”“倘若我受到别人的伤害”等，这些思想一定会导致害怕、紧张或焦虑不安，并肯定会影响成绩。如果想“我尚未准备好，今天出不了好棒子”，那么，往往就会真的发挥不出自己的最佳水准。当出现消极性思想时，如何去克服呢？

3. 具体方法

①以积极的方式利用消极性思想。

a. 应当利用有问题的思想去解决问题，而不是让它们去造成麻烦。例如，比赛到第七局，开始感觉身体疲劳，球速出不来、控点不准、无心投球时，应当怎么办？一旦出现这种思想，便应当减慢球速，调整步幅的伸踏脚落地点，以投准为主，减轻自己的负担，应相信 8 个守场员会防守好的。又如在防守过程中出现接传失误，这时应当继续集中注意下一次来球，调整自己的防守技术动作和心态。

b. 要将消极性思想转变为积极性思想，不要回避消极性思想，但同时要准备利用这种消极思想去引起积极而正确的行动。例如出现“对方投手太强，我无法击中投手的来球”的想法便应当立即采取相应的措施，提醒自己“握短棒，睁大眼以吃中球为主，少考虑击球动作”或想一想“我是一名运动员，应有拼搏到底的精神（即使仅剩下一击）”。可以利用训练比赛日记制定出正确的想法和行动。

②控制消极性思想。

有些情况下，消极性思想似乎还是很顽固的，它能够影响比赛时的技战术发挥，且很不易得到正确的解决。这些想法常常会是这样的：“我已无法控制球了”“老挥空棒，已无信心击球了”“对方确实比我方强，我们根本不可能取胜”“这次比赛我的表现太差，我为什么还要这么努力呢？”等。当出现这些想法时，可采用以下多种不同的方法来解决。

a. 首先要判断一下是否能以积极的方式利用这种思想，找出解决问题的答案。

b. 分析这种消极性思想产生的原因，并采取措施消除原因。应当记录下在这种思想出现之前，自己都出现了哪些反应。

例如，这些消极性思想是否会与自己的紧张或焦虑有关？若确实如此，则采用控制紧张法进行消除。

再如，消极性思想是否与某一个需要认真对待的实际情况有关，比如缺乏自信心或不想拼搏是否由曾经中断训练、有伤病、对手是朋友等引起的，在这种情况下，应当按照以下方法去做。

a. 客观地想一下自己是否真的因停止训练而存在问题。要知道，有时大强度训练后暂时停止训练是很有必要的。连续的大强度训练后休息一天，不会造成技能或身体素质水平的下降。

b. 认真想一想自己对某事担心或焦急的原因。自己是因为疾病或创伤而中断训练的吗？在这种情况下，应如何应对焦急情绪呢？应当明白，焦急只能为自己带来疾病或新的创伤，应想办法解决好下一步如何去做，这样才是对待焦急的正确方法。若是在训练期受伤，应注意恢复和休整，待伤病基本好转，再恢复基本训练，最后考虑比赛计划。若是在赛期出现伤病，应坚持轻伤不下火线，只要队里需要应全力以赴，时刻想着自己是一名意志坚强的运动员。

c. 通过为未来制订可行性计划来取代消极性思想。如果本赛季以来成绩一直不好，那么应当根据自己赛中出现的问题（如控点不准、老打高飞球或经常三击不中等）制订出有针对性训练的计划和将来的比赛目标。

如自己的比赛表现一直很不理想，则应通过一次比赛找出一两个主要因素。下一次比赛的目标可以确定在某一方面有所改变，并通过比赛验证一下效果。这样，参加比赛时就会想“通过这次比赛可以使我发现哪些方面落后了，从而有助我更好地参加下一次比赛”，而不是“这个赛季我的成绩这样差，为什么还要努力呢？”。

d. 同时想一想对手的情况。当自己常常出现“我的投球或击球法没有发挥最佳水准”或“我太疲倦，坚持不下去了”等的想法时，说明你只注意到自己，其实对手很可能也正处于一种同样的情况，或者更糟。在这种情况下，积极的想法应当是“如果我累了或发挥不好，我打赌他比我更糟，故我应全力以赴，加把劲儿战胜他”。

生活中的情况也是如此。人们往往易犯过分注意自己或看不到自己而高估他人的毛病。这是因为人们忘记了对方也同样有不自信的感觉，同样也在高估他人。例如，与陌生人见面时，人们往往感觉有些紧张，不知所措，但他们却未能察觉出对方也同样感觉有些紧张，且不大自然。殊不知，这时对方是很感谢你以任何形式能使他们感到镇定和放松的“努力”的。

在比赛场上，一个看起来高傲且满不在乎的对手，其实他的内心也可能同样对比赛结果毫无把握，他的一举一动很可能只是一种掩饰自己真实心理的假象而已。

e. 要充分看到自己的力量并知道如何去运用自己的力量。应当想到：“我应当发挥我的优点和长处（如我无本垒打能力，则应追求小安打），这是我的实力所在，这样将有助于我发挥最佳水准。”而不应想：“对手一定能战胜我或对手比我强，我根本不可能取胜。”

当思想出现不集中，无论是由于比赛时对手、天气、场地条件，或其他什么原因引起的，都应努力想一想自己的长处和战略。这是帮助控制消极性思想的积极方法。

f. 想一些客观的或其他事情来取代那些恼人的、有干扰的思想。在棒球比赛中，对手投球很强，若想到“我又三击不中了”，那么他就会感觉更无信心，而如果想“投手虽强，但想象其始终是弱投手或我虽击不中球，但输球不能输人，精神和意志不能输”，用这种积极的想法来代替那种消极性的想法，他就会有信心击球。有时，甚至某种荒唐可笑的想象或想法也可能有助于克服消极性思想。比如想象投手穿着一身米老鼠的服装，那该多么有趣呀！

g. 对于有些消极性思想，会因找不到现实有效的方法而难以解决。在这种情况下，可以采取最后两种完全不同的做法。一种是果断坚决地中断自己的消极想法，甚至可以在头脑中想象一个大大的“停”字。这样做确实能暂时阻止消极思想的继续干扰。另一种做法则相反，并不是立即中断，而是允许这些想法在头脑中存在，让它们自生自灭，或者允许其在头脑中留出一个“角落”，让这些想法留在那里，直至比赛结束。

③培养积极性思维法。

人们常说，要保持一种积极向上的自我形象，而有些时候，由于生活、学习、家庭中的各种情况的影响，训练和比赛的安排又要求很高，这一点似乎就很难做到。在这种情况下该怎么办呢?

a. 要认识到自己是一位从事体育比赛的、有运动员身份的人。也就是说，无论在任何条件下（如天气、比赛条件、比分落后、出现疲劳等），都要尽自己的最大努力，全力以赴。

b. 赛前一定要对自己的训练状况有所了解，即根据目前的训练水平，掌握自己能达到什么样的最好成绩（每次比赛都应争取获胜，尽管不一定真的做到这一点）。

在赛前要不断培养自信心，看到自己的有利方面，如“我的训练情况良好，准备充分”“我的投球感或击球感良好，而且很有爆发力”“我的心理稳定或我经过良好的心理训练，在心理方面占有优势”。

c.要经常回顾自己取得的进步，回顾从开始到现在有了多大的提高。要学会全面地看待自己，避免因一时的挫折而丧失信心。要认识到自己目前的优势，赛前认真地回忆一下这些优点和长处，这样可以提醒自己怎样制订比赛计划并运用自己的特长。

在回忆自己成功的几次比赛时，要培养自己始终是一位胜利者和成功者的信念：“这就是我，我能够战胜自己和对方，这种训练方法使我的机体完全能够发挥得很好。”

d.要尽早树立参加训练和比赛的目标，并朝着目标不断努力。即使是在受到挫折时，也应做到这样。关注自己的成绩，在比赛基础上开始新的努力。

（四）自我调节法

1.目的

自我调节有助于提高兴奋程度和比赛愿望，且既包括心理上的良好状态（如愿意或积极参加训练比赛），也包括身体上的各种良好感觉。

2.要求

建立心理获胜感法是指运动员要在内心深处建立起一种获胜感。要能记住自己在取得个人最好成绩那次比赛时的感觉（如当时的投球感、击球感等），捕捉住这种感觉并留住、控制住这种感觉，这样会有助于运动员建立起争取胜利的心理状态。

3.具体方法

①回忆自己有过这种获胜感的一次比赛，并想清楚这种感觉出现的时间、地点（如在某场连续出现安打的比赛中出现，也可能在做准备活动或总结会上出现等）。

②做一些集中注意力并放松的练习。

③重新回想那次比赛。要让自己充分放开思想去回忆那次比赛的整个过程。按照下列顺序逐步将注意力集中到那种获胜感的各种细节上面。

a.先回想整个感觉如何，是放松，还是兴奋？思维是否清醒和敏捷？是否感觉自己“精力充沛”，是否“跃跃欲试”。

b.接下来，回想一些能够唤起自己这种感觉的话语，如“自己处于最佳状态吗？”“处于爆发力巅峰状态吗？”“我是不会被战胜的”“是否一切感觉良好？”等。

c. 在日常训练中，应经常回想这种获胜感，并重复这些话语，从而使身体方面也产生这种获胜感。

d. 如果还能发现其他有助于产生这种获胜感的练习方法，也可将其用在心理准备上。

④通过做某些事情使身体“兴奋”起来。

a. 听音乐。某些音乐可以使精神和身体兴奋起来（根据个人爱好、兴趣去选音乐，如迪士高、流行歌曲等）。

b. 与某些人的接触可以使自己兴奋起来。

c. 思考某些问题，如比赛的重要性、自己要成为一名最优秀的棒球选手、比赛对手的弱点等，可使自己动员起来。

d. 重温自己的目标，如“今天是创造好成绩的最佳时机，我的安打率定会提高”“要争取更高的投杀率”“要以轻松自如的动作击球”“要保持清醒乐观”等，可有助于机体的动作。

e. 做一些轻松自如的活动，如伸展运动、放松慢跑、到观众中去走一走、清理一下比赛用具（如清理球棒、手套、护具等）或挥一挥空棒、自我谈话等，促使机体的动员。

⑤通过训练使身体达到巅峰运动状态。

a. 运用身体动员状态（如肌肉的肌纤维调动情况）评定标准（零刻度 = 过于消极，100 刻度 = 过于兴奋），来评定自己的身体动员水平，可自我感觉评定，允许 10 刻度的误差。

b. 在每天的训练日记中，记下完成动作时自己的身体动员水平指标。

c. 注意自己好成绩时的身体动员水平，以及身体经常所处的水平，这样可以使自己掌握完成动作时的最佳动员水平。

d. 比赛期间，在出场前要认真核对自己的动员水平。如果自己的最佳水平状态为 80 刻度，但参赛感觉为 65，则说明动员水平过低，如感觉为 95，则说明动员水平过高（如赛间尿频、心率达到 100 或晚上休息时难于入睡、失眠等）。

（五）心理演练法

1. 目的

专项心理演练能够促使运动员在比赛极度紧张的条件下保持与提高自己的情绪状态，具有自我心理调节的能力，以利于发挥运动能力的心理过程。它能保证为比赛和完成难度很大的训练作业做好准备，从而去发挥最佳水平。

2. 要求

意象法，也称形象运动行为演练法，是运动员发挥高水平最有效的心理训练法。通过对选手形象进行心理演练，可以使运动员的心理和身体融洽地结合为一个整体。

3. 具体方法

棒球形象运动行为演练法分三个阶段，其方法和步骤如下：

①第一阶段（初级阶段）。

a. 选择安静的地点和时间，取舒适的坐姿或卧姿，闭眼。

b. 将注意力集中于呼气和吸气，进入完全放松状态。

c. 想象一个自己熟悉的轻松自在的活动场面，如想象坐在家里的舒适沙发上欣赏美妙的音乐或歌曲，也可想象正在海滨休息等。

d. 让这种想象场面发展下去，使自己身临其境，并产生真实感。不要强迫限制这种场面，要随着细节的不断出现，利用这些细节保持这种场面的存在。

e. 通过想象这种轻松场面，进一步增加自己的放松感，时间约 30 秒。

f. 停止想象。

g. 恢复到将注意力集中于呼吸并放松。

h. 再重复想象轻松场面，保持约 30 秒。停止想象。将注意力集中于呼吸并放松。通过前后移动双手和双脚结束训练，逐渐睁开眼睛。

i. 每天练习一次，至少连续三天。

②第二阶段（中级阶段）。

a. 能够形象而逼真地意想放松的场面后，才能进入第二阶段。每次出现放松场面时，自己都应当是一位参加者（身在其中），不应是一位旁观者（身在其外）。选择安静的地点、时间，取舒适的坐姿或卧姿。

b. 将注意力集中于呼吸，并进入放松状态。

c. 先想象放松场面，使其更为逼真，保持约 30 秒。

d. 停止想象。

e. 然后想象一个成功的比赛场面，自己的身心、机能现处于最佳竞技状态。场面要真实、生动、要保持足够长的时间，使自己充分体会比赛的主要部分，如想象自己击出平直有力的多垒打球，正在连续进垒并得分、投出了成功的变化球使击球挥空棒、完成了双杀出局的配合等。

f. 停止想象，将注意力集中于呼吸并放松。

g. 再次想象比赛成功的场面。

h. 停止想象，将注意力集中于呼吸并放松。

i. 每次训练时，至少要重复三次这种比赛成功的场面。

j. 每天练习一次，至少连续三天。

③第三阶段（高级阶段）。

当运动员已能十分熟练地将形象运动行为演练方法运用于不同目标，这时应当明确在为下一次比赛进行准备时，将形象运动行为演练法运用于何种目标。一旦确立了目标，便可以运用不同的程序去实现目标。同时按照程序，在比赛开始前的五天里，连续每天进行一次形象运动行为演练，并做训练记录。

目标 1：提高对获胜感的控制能力，从而有助于技术更好地发挥。程序如下：

a. 集中注意力于呼吸并放松。

b. 想象放松场面约 30 秒。

c. 停止想象。

d. 集中注意力于呼吸并放松。

e. 想象成功的比赛场面。

f. 停止想象，集中注意力于呼吸并放松。

g. 想象和体会具有获胜感的场面约 30 秒。

h. 同时，还应在心里重复自己认为最能够体现这种感觉的词汇或语句。

i. 停止想象，集中注意力于呼吸并放松。

j. 再重复两次具有获胜感场面的想象。每次结束时都做一次注意力集中于呼吸并放松的练习。

（六）集中注意力法

1. 目的

通过集中注意力的训练能够提高进攻中的打击和防守中的接防各种来球。

2. 要求

集中注意力是指精神集中，但这一点有时却很难做到。注意力不能集中表现在许多不同的方面，因此必须找出自己应当在哪些方面加以注意。

3. 具体方法

有时候，注意力不能集中是因为注意力被吸引到了其他方面。例如，有些选手的注意力很容易被周围发生的各种事情所吸引。他们会注意到观众的喧闹声、加油声，并对发生的事情感到好奇；他们会听到其他教练员的声音，注意力也很容易想到与比赛无关的事情，如要是获得好名次，就能上台领奖，领奖的姿势；奖金增加多少；家里发生的事情等。总之，他们很难将注意力集中于自己应当做的事情上。心理素质弱者，往往比赛愈紧张、激烈，思想愈难于集中，有时会产生一些不符合实际的恐惧感、神志不安等。

如果你自己正是属于这种情况那么可以按照下面的步骤练习控制和引导自己的注意力。

①刚进入运动场时，可以先随意而广泛地注意一下周围的事情：环视一下四周的观众和人群，熟悉一下周围的声音，地下是否有小石子，对身边的颜色也应留有印象。

②然后，将注意力集中于看台最上面一排的观众，并寻找一下四种最基本的颜色：红色、蓝色、绿色、黄色。

③再将注意力转到场地内来，同样注意寻找其四种颜色（如场地周围的广告牌等）。

④再将注意力缩小到自己的周围，看是否还能找到那四种颜色（如对方的队服、裁判服等）。

⑤最后，将注意力集中到自己身上，直至只注意自己的呼吸和腹部。做一会儿深呼吸，以便将注意力逐步完全集中到腹部。

⑥对将要比赛的内容进行简要的心理演练。

⑦克服其他影响注意力的障碍法。

注意力分散也可能是由下列原因造成的：

a. 处于紧张状态时。可通过控制紧张训练法克服。

b. 感觉心烦意乱时。可采用集中注意力于呼吸并放松的方法。

c. 别人给你造成心理压力时。在这种情况下，应当记住这样做的人正在想不顾一切地战胜你，而你则应当以友好地姿态对待对方，同时要更加坚定自己的信念（采用积极性思维控制法）。

d. 自己很容易产生消极性思想时。这时可采用积极性思维控制练习解决。

e. 身心感觉疲劳时。在这种情况下，可以通过重新获得精神上的兴奋感或增加精神力量来解决。例如通过想象自己是一列加足燃料的火车，来增加精神力量。

f. 注意力松弛下来时。这时可以选择周围的某一物体，将思想集中在上面，从而提高注意力（如尽力去“看到”被击出来的球，或在跑垒时紧盯垒包的内角等）。在提高注意力时要积极，因为“看”是一回事，而“看到”是另一回事（例如在击球时，有些击球员只大概看投手的投球动作，并没有真正看到关键的球出手动作）。如果发现自己是在“看”，而实际上并没有“看到”什么，便应提醒自己注意以引导自己思想集中。例如，可以问自己：“对方的局面如何，可能会采取什么战术？”“我的挥棒轨迹对吗？”“我的配球对吗？”等。

（七）能量控制法

1. 目的

通过能量控制练习，增强自信心和对抗胆量，而且可以把注意力转向解决攻守中的判断与技战术动作的运用上，变得灵活自如。

2. 要求

跑速、爆发力、速耐、大脑思维等都要依靠体内能量的支持。作为一名运动员，他已具备了一定的能量，这就需要正确合理地体会和使用能量，而正是心理控制主导着体内能量的最优化使用。

3. 具体方法

①体会能量的存在法。

能量是早已存在于体内的，但运动员必须能够认识它，从而达到控制它的目的。在掌握了前面介绍的几种心理训练技能的基础上，便可以开始进行如何识别能量的存在练习了，程序如下。

a. 在安静的地方进行集中注意力于呼吸并放松的练习。

b. 想象自己具有获胜感时的情景。

c. 捕捉具有获胜感时的身体感觉。

d. 使获胜感与能量感联系起来，并使这种感觉变得清晰。

e. 想象自己具有最佳竞技状态时的情景。

f. 通过集中注意力并放松以及自我调节的方法，使自己达到最佳竞技状态。

②支配能量训练法。

运动员都具有能量，但并不是所有的运动员都会合理地运用能量。分散了的能量会使工作能力降低，如影响爆发力的集中，牵制速度的发挥，降低速耐。紧张、焦虑、精神不能集中、消极性思想等都能造成能量的分散。因此，必须依靠控制紧张、放松、注意力集中，以及积极性思维控制等多种心理技能，来防止能量的分散。

能量也可以受到控制和支配。可以采用形象运动行为演练法（见前述）对能量进行控制，其步骤如下。

a. 在安静的地方进行集中注意力于呼吸并放松的练习。

b. 想象一种取得了成功比赛时的情景。

c. 在进行这种想象时，要注意能量的支配，如投手投球的爆发力最终用于驱动手腕、手指；击球的速度力量最终驱动于棒头；跑垒的体能用于推动身体沿直线或弧线向前。

d. 重复想象成功地完成比赛的情景，但同时要想象能量像光线和闪电一样随着肢体的运动“扩展”。

e. 继续这种情景的想象，同时想象能量如“光线”“闪电”在向着合理的方向“扩展”。例如：投手应想象能量“光线”将要从手中向外发出；击球运动员应想象“光线”在从球棒向外发出，并冲向防守队员的空当。

f. 重复想象直至自己能够掌握能量的流向，能够看到能量“光线”，并能感觉到能量在“推动”自己取得胜利。

③运用“能量空间”训练法。

“能量空间”是指自己意识能够支配的领域，是将体能扩展到“心理空间”和“比赛空间”，是指能够在“自己的空间”对其他人、对客观物体，或对任何“威胁”了自己空间的事物（包括气候条件、裁判员、对手等）进行心理上的控制和支配。扩展能量空间的方法如下。

a. 选择安静的地点，注意呼吸并放松。

b. 通过想象获胜时的情景等方式提高体能，达到最佳竞技状态。注意体会能量的存在。

c. 想象获胜时的情景，运用形象运动行为演练法支配和控制能量流向，体会正在接近胜利的感觉。

d. 运用形象运动行为演练想象未来的比赛，想象“比赛空间”：击球区、跑垒道、投手区、4 个垒位、内外场区域、整个场地等。

e. 继续进行形象运动行为演练，想象体能正在向“比赛空间”扩展。

f. 继续进行形象运动行为演练，以增加体能，直至控制“比赛空间”。要想象这时的“比赛空间”已经是“自己的空间”。

g. 想象敢于“进入”到自己空间的其他人或物体，想象自己的能量在控制他们，削弱他们。

二、棒球专门心理训练法

（一）想象法

在练习前，闭目 5 分钟，想象自己的理想动作（如投球动作、击球动作等）或防守配合要求（如无球如何补位、有球如何传球和如何补位回垒等）。

（二）投手的各种心理训练法

①假设三球零击、三球一击、三球二击的投球练习，要求必须连续投 3 个好球或不准投四坏球。

②假设多垒有人或满垒局面的投球，要求不能使对方得分。二人出局前控低球，二人出局时控高球。

③练习开局投球、救援投球、收尾投球。

④想象或模拟对方强打手的投球。

⑤在大比分落后的情况下换上投球。

⑥在疲劳状态下的投球。

⑦在有干扰的情况下投球，如声音的干扰、收录机的录音干扰等。

（三）击球的各种心理训练法

①假设二击的情况下长挥，要求不能三击不中。

②假设二击的情况下的抢分或牺牲触击。

③在多垒有人或满垒的情况下长打或抢分，要求二人出局情况下击出牺牲打或抢分成功，二人出局时要击出安打。

④想象或模拟对方投手的投击练习，要求安排投球的投手要和对方投手相似（如球速、投球方式、身材、变化球特点等）。

⑤突然换另一击球员上场击球的练习，要求击球员须以最佳状态击球，并击出安打。

⑥在疲劳状态下的击球练习。

⑦在干扰的情况下击球，如场内外的声音干扰等。

⑧对弱投手的击球练习，目的是增加赛前的击球信心。

⑨达标的击球练习。如赛前的达标测验（指标有安打率、触击成功率、牺牲打

成功率等）；赛期的达标要求，如要求安打率 0.3 以上，触击成功率 0.8 以上等。

（四）模拟比赛法

分两组进行教学比赛，要求一方模拟对手的特点进行比赛，主要模拟指标有投手投球特点（我渴望参加比赛）、攻防战术特点（如阵型特点、触击特点等）。目的是适应对手打法，增加比赛信心。

（五）让分比赛法

分两组进行教学比赛，要求一方让分进行比赛。目的是培养学生克服困难的品质。

（六）有意输球比赛法

分两组进行教学比赛，要求一方有意输球，但不能暴露得太明显。

第三节　棒球游戏法

游戏法，可以促进人的身心健康、增强体质、帮助智慧的训练、培养团队精神，使学生体会互助团结、服从守纪、通力合作的重要性。在游戏过程中肯定自我，共同为球队一致的目标而努力，在游戏活动中，应注意游戏规则、目的、对象、地点、器材、时间配合和组织的才能（如临场反应、应变技巧、了解运动员的心理、组织能力）等要素。

一、新式棒球赛

（一）目的

培养球队互助精神和求胜向上心理，增强体质，促进身心健康。

（二）方法

①将学生分成两组进行比赛，每组 9 人。
②规定某一范围为游戏区域（空旷的室内或室外皆可）。
③投手板距本垒 5 米，一垒距本垒 15 米，在本垒后方放一投球筐。

④老师说明游戏规则：比赛前，两组学生隔着本垒板，排成两列横队，面对面站立，并互相握手寒暄，老师宣布攻方和守方。

⑤双方确定棒次。

⑥活动开始后，守方队员散立在活动范围内，并派第一棒队员站在投手板处。攻队的第一棒队员站立在本垒板处，打击方式不采用棒球规则，而是自己将球往前掷出，然后迅速往返于本垒和一垒之间，守方注意球的落点，迅速将球传给投手，投手应站在投手板上将球投入筐内，就算封杀出局；若未投入而击球员先安全返回本垒，可得1分。

⑦击球员若将球投出规定范围外，需要重新再投一次。

⑧若投手未投入筐内，捕手可迅速拾起球，但必须回传给投手才能将球放入筐内。

⑨击球员换人时，担任投手的队员也随之换人，在各队打者均轮过一次后，攻守交换，最后得分高者为胜。

（三）游戏变化

①击球员可先接投手的抛球，再将球投出。连续三次接不住，判出局。

②击球员连续投球出界三次判出局。

③捕手位置可不设人，当投手投球不入筐时，可快速跑向本垒处将球拾起放入筐内。

二、新式踢球接传比赛

（一）目的

培养球队团结互助，认识合作的重要性，促进身心健康。

（二）方法

①将学生分成两组进行比赛，每组9人，可男女混合。

②基本按照棒球竞赛规则进行，不同之处是有三点：

第一，投手用足球抛出地滚球；

第二，击球用脚踢球并跑垒；

第三，守场员不用手套，只允许用手接传球并进行触杀或封杀等。

③可规定攻方每人攻一轮即交换攻守，也可规定出局或6出局交换攻守。

三、绕球竞走

（一）目的

培养球队合作精神，营造气氛。

（二）方法

①将学生分成 2~3 组，每组至少 6 人。

②各组学生手牵手围成单圈，每组圈内放置 5 个棒球，学生一边踢球一边前进，注意不能使球滚出圈外。

③若途中球滚出圈外，就由一位同伴跑去用脚把球踢回圈内，再前进。

④最先抵达终点的组为胜。

四、下颌传球

（一）目的

调动训练情绪，培养学生克服困难的精神。

（二）方法

①各组学生，先派一位学生，下颌夹着一足球或排球，双手放在背后，将球夹到目标处，然后返回起点。

②下一位接力的学生，也要以下额的方式取球，继续进行接力；若球掉落地，须重新开始，传给对方。

③最先完成一轮的组别为胜。

五、膝下功夫

（一）目的

营造训练气氛，培养学生克服困难的精神。

（二）方法

①将学生分成若干组，每组学生站成一排。

②每组第一位学生以双膝夹足球或排球，依顺序传给下一位学生，而下一位学生必须以双膝取球，球若掉落地上，需由传球者用双膝将球夹起，重新将球传递下去。

③以将球最先传到最后一位学生的组为胜。

六、夹球前进

（一）目的

活跃气氛，促进学生之间的了解和合作。

（二）方法

①将学生分成 2~3 个大组，2 人为一小组，背靠背夹球或肩对肩夹球前进。

②前进到目标处返回起点，由下一小组接力前进。

③若途中球掉落，须重新拾起，才能继续前进。

④以最先完成一轮的组别为胜。

七、三脚踢球

（一）目的

培养学生之间的合作精神。

（二）方法

①将学生分成 2~3 大组，2 人为一小组。

②内侧双脚互绑或交叉相靠，成为两人三足，手牵手，只能以互绑式相靠的双脚踢球前进。

③以最先完成一轮的组为胜。

八、蟹行

（一）目的

提高身体灵活性，培养学生的合作精神和竞争意识。

（二）方法

①学生两人一组。
②参加者先坐在地上，背向地面四肢撑地，练习四处移动。
③开始时，双方想办法用脚使对方失去平衡。
④任何一方跌坐在地上，便输了一回合，按三盘二胜制计胜负。

九、足趾舞

（一）目的

训练灵敏反应，消耗增进彼此的认识。

（二）方法

①二人相对单脚支撑站立。
②双方握手或将手放在对方的肩膀上。
③开始时，双方要用抬起的脚设法轻踏双方的支撑脚，同时还要避开对方踏着自己的脚。
④被踏中者算输一盘，按三盘二胜制计。
⑤双方要穿同类的鞋子，不要穿钉鞋。

十、解结

（一）目的

提高学生的耐性和恒心，以及团队合作意识，培养其克服困难的精神，体会新经验。

（二）方法

①学生 12~30 人一组，组数不限。

②每组人员集中在一起，大家伸出双手，与他人相握，注意紧握着手，但每双手要握着不同的人。

③这时候，大家很紧密地堆在一起构成了很紧的“人结”，看来很难解开。

④开始解结时，除了不能把手放开外，可用任何动作，例如转身、蹲下、跨越等。大家经过努力，便会渐渐解开，直至解成一个或几个小圈。

十一、风车走

（一）目的

提高团队的合作意识和纪律性，训练敏捷的身手。

（二）方法

①将 13~40 人分成 4 小组，其中 1 人不入组，负责发号令。每小组单行直排，向着中心，四组相对盘坐，形状像风车叶。

②准备好后，负责发号令者绕着风车慢慢走，然后拍一下某一组最后一人的肩部说“跟我跑”，于是该组全部人立刻各自以顺时针方向绕风车跑一圈，后返回原地坐下。最迟到达的人，便负责下次发号令。

③如发号令者说“快点跑”，那么该组的全部人都要以逆时方向跑一圈，后返回原地坐下。

④每小组都跑过 3~5 次，便可结束游戏。

十二、火车卡

（一）目的

训练学生的合作意识和遵守规则的意识，训练敏捷的身手，消耗体力，营造气氛。

（二）方法

①将 20~30 人分成若干组，每组 3~4 人，后面的人用手抱着前面的人的腰部串

成一列“火车”。将场地画出界限，在场中至少要有三列车。

②另外,两人担任散置的“火车卡”,称为“散卡”,作用是要连接场中任何一列“火车”的尾部。

③一人追触“散卡”，当触到“散卡”，则“散卡”当追触者。

④当“散卡”接上火车后，做火车头的人便要脱离成为“散卡”。

⑤游戏直至大家疲倦时结束。

十三、跑垒接力比赛

（一）目的

营造训练气氛，增强竞争意识，提高学生连续跑垒能力，增强体质。

（二）方法

①将学生分成两组，每组 5~8 人。

②两组分别站在本垒和二垒处，成一列纵队。

③老师吹哨后，各组的第一人起动跑垒，按逆时针或顺时针方向跑全垒，必须触踏各垒位。

④当跑回原处时，用手触摸接力者，接力者即可继续跑垒。

⑤以先跑完一轮的组为胜。

十四、换球接力比赛

（一）目的

训练学生敏捷的身手，提高其转换能力和竞争意识。

（二）办法

①将学生分成两组，每组 5~9 人，相距 6 米各成一列纵队，站在垒线后。

②在场内摆两列手套，每列 3~5 人，相隔 3~5 米，并相对各组纵向排列。

③老师鸣哨后，各组第一人手拿 3~5 个球起跑并将球逐一放在前面的 3~5 个手套内，放完后跑向目标折回，再逐一把手套内的球拿起跑回起点，并把球交给下一位接力者，以此类推。最先完成接力的一组为优胜。

十五、人叠人

（一）目的

培养学生发现问题的能力和积极主动性，提高其思维和想象能力，提供与人交往的新体验。

（二）方法

① 15~30 人，每人坐在一张椅子上，围成一圈。

②大家按顺序提问题。即第一个人先向右边的同伴提问题，若答案是肯定的，则全体原地不动；若回答是否定的，则全体向右边移一个座位，但提问题的人不动。

③向右移动时，若右边已有人，则要坐在那个人的膝上。每一次发问和依次移好座位后，空的椅子要移走，使椅子逐渐减少。

④继续按顺序提问题，最后是要使所有的人都坐在一张椅子上。排成三行或四行已是很成功，老师要判断大家是否厌倦，如果是，便可结束游戏。

⑤注意以下类似的问题不适合发问，如“你是不是有黑色头发？”“你是不是有两只眼睛？”等，这些问题的答案全部是“是”，于是大家皆不动，即是没有变化。

十六、赛龙船

（一）目的

培养学生的团队合作意识，锻炼体能。

（二）方法

①将学生分成 2~3 组，每组 6~10 人。

②各组排成一列。各人右脚伸直向前，右手扶起后面同学伸直的右脚，左手搭在站在前面的同学的左肩上，组成一艘龙船。

③做船头的人要发号令并提起一脚。

④老师吹哨后，全体学生单脚跳跃前进，先到达终点的组为胜。

附录一 APPENDIX 01

棒球比赛规则

请扫描棒球比赛规则二维码进行阅读。

棒球比赛规则

附录二 APPENDIX 02

棒球专项术语

请扫描棒球专项术语二维码进行阅读。

棒球专项术语